Coaching d'intérieurs

Ont apporté leur éclairage d'expert :

1/ Gérard Laizé – directeur général du VIA (Valorisation de l'innovation dans l'ameublement)
www.via.asso.fr

2/ Frédéric Rossi – directeur de la stratégie d'Extrême Paris
www.extreme-paris.fr

3/ Véronique Thouvenin – directrice de la communication de la SAFI
www.maison-objet.com

4/ Hélène Weber – maître Feng Shui - représentante pour la France de la « Mastery Academy of Chinese Metaphysics »
www.heleneweber.com

Ont collaboré à cet ouvrage :

Je remercie chaleureusement Yves, Pierre, Julien et Jean-Christophe pour leur travail, leur éclairage et surtout leur patience.

1/ Yves Mirande est journaliste indépendant. Spécialiste du design, il collabore notamment avec Artravel, Idéat, Résidence Décoration, Stiletto, Stratégies... La pertinence de ses questions se fonde sur une grande maîtrise des sujets qu'il traite.
yvesmirande@free.fr

2/ Pierre Alivon est artiste photographe. Autodidacte, fasciné par le monde urbain, il capture les instants au gré de ses idées et de ses rencontres pour exprimer au mieux la ville : les gens, les attitudes, le quotidien, le mouvement. Ici, il met son expérience au service des intérieurs.
www.pierrealivon.com

3/ Julien Blanchet est directeur artistique. Graphiste à l'approche contemporaine, il sait transcrire les univers avec sensibilité, (im)pertinence et originalité. En tandem, ici, avec Jean-Christophe Besson.
www.rezo-zero.com

Coaching d'intérieurs

Tony Lemâle

Deuxième tirage 2007

EYROLLES

Remerciements

Je tiens à remercier :

Pour m'avoir ouvert une deuxième fois leur porte :
Patrice et Eric, Aurélie et Laurent, Virginie, G.,
Annie et Yves, Cécile et Benoît, Isabelle et
Jean-Philippe, Laurence et Frédéric, J., Frédéric

L'équipe de TV Only (émission *Intérieurs*)
sans qui rien n'aurait commencé :
Jean, Guillaume, Marie, Stéphanie,
Clémence, Ronan, Séverin, Cécile, Zohar

Pour leur enthousiasme et leur disponibilité :
Anne Garcia, Yves Mirande, Pierre Alivon,
Julien Blanchet, Jean-Christophe Besson,
Liza Fitoussi, Laure Grisez-Ozon

Pour leurs conseils avisés et leur soutien :
Gérard Laizé, Hélène Weber

Pour leur aide précieuse :
Sophie Stuchlik, Apolline Terrier,
Christophe Poyet, Fabienne Lescloupé

Pour sa passion et pour m'avoir appris
à reculer pour mieux regarder :
Stéphane H.

Mes grands-parents, mes parents,
ma sœur, mes amis.

Particulièrement à Emmanuel :
un grand MERCI.

À Emmanuel pour sa passion
et son soutien au quotidien

Pictogrammes

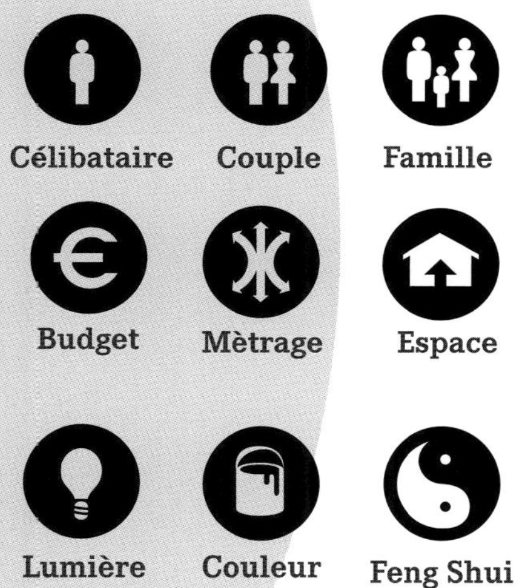

Pour chacun des relookings, les données avec lesquelles j'ai dû composer sont résumées par la série de pictogrammes ci-contre.
Trois types d'informations sont communes aux dix sujets : la situation familiale du ou des propriétaires, la surface réaménagée (différente parfois de la surface totale du logement) et le budget global de cet aménagement. Concernant ce dernier point, afin d'être le plus précis possible, le montant indiqué tient toujours compte des réalisations effectuées par des professionnels (peinture, papier peint...). **Il est entendu que ce budget pourrait être revu à la baisse si vous réalisiez par vous-même une partie des travaux (excepté ceux pouvant mettre en péril votre sécurité).**
Les quatre autres types d'informations données par les pictogrammes sont : Feng-Shui, espace, couleur, lumière. Ils signalent un traitement particulier de ces thématiques.

Page 177, dans la table des matières, vous pourrez retrouver une entrée par sujet ou par pictogramme.

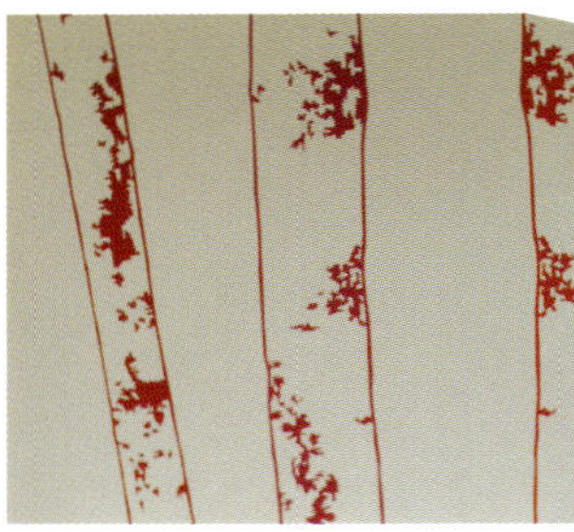

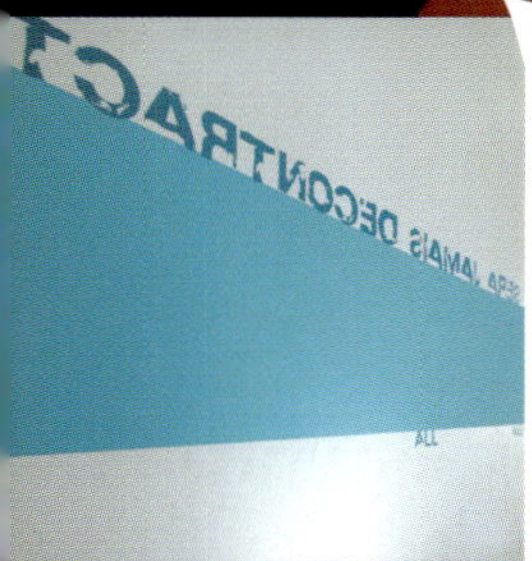

Relooking

Du verbe relooker (de l'angl. look, air, allure). Modifier l'aspect de quelqu'un ou de quelque chose, adapter, moderniser. Coacher (verbe transitif). Conseiller dans le but d'optimiser les compétences des individus.

Relooker un appartement : adapter un lieu de vie à la personnalité de ses occupants...

« Trouver des solutions sans céder à la facilité visuelle »

Entretien avec Tony Lemâle par Yves Mirande, journaliste.

La maison évolue sans cesse. Loin de n'être qu'un endroit pour manger, dormir, se laver, elle devient un lieu de convivialité, de joie, de travail, de réassurance, et même une source de développement personnel. D'où la nécessité impérative d'être bien chez soi ! Tony Lemâle l'a bien compris. Coach déco, il vient chez nous et nous accompagne dans nos envies de changements au sein de nos intérieurs. Avec lui, gain de temps, écoute, présence, soutien et surtout fluidité sont au programme. Son interview nous éclaire sur cette nouvelle profession, sur son impact dans la sphère privée mais également sur la nécessité d'engendrer le beau pour le bien-être.

Quelle est la différence entre architecte, architecte d'intérieur, décorateur et relooker ou coach ?

On peut expliquer les différences par le corps de métier de chacun. Un architecte DPLG est diplômé d'État, il est techniquement indispensable pour construire la maison. L'architecte d'intérieur va décorer l'intérieur, mais il peut également réfléchir structurellement – au-delà de la structure décidée par l'architecte DPLG – à la disposition des pièces, au volume de chacune d'elles et à la décoration qui va avec. Le décorateur intervient plus précisément dans le détail : les couleurs, la lumière, un univers... Il peut – ça n'est pas toujours le cas – faire rentrer ses clients dans un concept qui lui correspond. Un coach ou relooker est quelqu'un qui tente de comprendre pourquoi, finalement, vous ne vous sentez pas bien dans votre intérieur et qui réfléchit aux différentes manières de l'améliorer, pour que vous vous y sentiez mieux, et faire en sorte qu'il vous ressemble.

Il est important de savoir pourquoi on aime être chez soi. La décoration, ce n'est pas tant «rentrer» dans une couverture de magazine, c'est se demander comment on veut vivre.

Et vous, comment vous considérez-vous ?

La question s'est longtemps posée, elle se pose encore et se posera toujours je crois. Quand j'ai démarré, il y a deux ans, je me suis positionné très rapidement comme architecte d'intérieur. Aujourd'hui, je fais de l'architecture d'intérieur chez beaucoup de mes clients, c'est-à-dire que je restructure l'espace en abattant des cloisons, par exemple. Mais je fais également de la décoration, donc je suis aussi décorateur. En fait, pour moi c'est indissociable. J'ai du mal à trouver une différence entre architecte d'intérieur et décorateur, c'est assez proche. J'ai une approche de coach déco mais dans l'architecture d'intérieur.

Quelle est la place de la décoration aujourd'hui ?

Il est important de savoir pourquoi on aime être chez soi. La décoration, ce n'est pas tant «rentrer» dans une couverture de magazine, c'est se demander comment on veut vivre: est-ce que je veux manger à même le sol, est-ce que je veux manger à hauteur de table, est-ce que je veux une chambre bien rangée, est-ce que je veux des couleurs, du blanc, du vert... La maison n'est pas qu'un lieu de stockage, sinon on achèterait des box, on mettrait des lits superposés et on serait tous contents. C'est le seul endroit où les gens peuvent se retrouver: il faut que leur chez eux leur ressemble et qu'ils s'y sentent bien. C'est ce pourquoi j'apporte des solutions. La décoration est donc, à mon avis, très importante. Il y a trop de gens qui n'en ont rien à faire et ça me désole.

Pourquoi vient-on vous voir ?

On vient pour un « pack solution ». Pour trouver une ou des solutions sans céder à la facilité visuelle. Et une des clés est la simplicité. Il y a plusieurs cas de figure. Le « je suis là depuis longtemps, j'en ai assez, il y a un enfant qui arrive ou un enfant qui part comment je peux faire », le « je viens d'emménager », « je n'ai pas encore mes marques, comment je peux les trouver ». Mais également le « comment peut-on refaire la chambre des enfants pour éviter que le salon ressemble à un champ de bataille ». Parce que la vraie raison, derrière tout ça, c'est « je voudrais à nouveau recevoir ». Socialiser de nouveau. En écrivant ce livre je m'en rends compte de plus en plus. On veut recevoir sa famille, ses amis, son patron pour montrer qu'on se porte bien et qu'on est bien...

Quel type de clientèle avez-vous ?

Tout récemment, j'ai pu définir des pourcentages. Ainsi, j'ai 25 % de ma clientèle qui a entre 20 et 30 ans. Les 20-30 ans font appel à moi parce qu'ils souhaitent quelqu'un qui a un esprit jeune dans son approche mais également pour la couleur. 50 % de ma clientèle a entre 30 et 40 ans. C'est le cœur de ma clientèle et c'est d'ailleurs mon âge. Ils font donc appel à quelqu'un qui • • •

• • • est dans le même «trip». Et 25 % ont entre 40 et 50 ans, ils sont plus dans le coup de cœur et le rajeunissement.

Est-ce une clientèle typiquement féminine ?

Justement non, et ça c'est la vraie surprise. Pour la plupart de mes clients, c'est la femme qui prend contact, c'est une décision féminine mais après un aval masculin. Il y a beaucoup d'hommes qui sont très investis dans le processus et les femmes sont désemparées, voire parfois, elles ne contrôlent plus rien. «Elle a voulu que je m'investisse dans le projet» est exactement le discours des hommes. J'ai entendu des femmes dire à leur mari : je ne pensais pas que tu t'investirais autant. Ça leur échappe. Soit elles adorent, elles se laissent porter et c'est délicieux. Le mari valide des choix qu'elles n'imaginaient même pas qu'il puisse avoir. Soit elles sont paniquées parce qu'elles ne contrôlent plus le projet. Elles voulaient avoir un intérieur qu'elles imagineraient, elles se retrouvent avec un intérieur à imaginer à deux.

Peut-on faire un coaching déco à petit budget ?

Absolument. Et je respecte cela énormément. Dans ma démarche, j'ai besoin de faire rêver les gens, de les faire s'envoler un peu. Et quand on rêve, on ne parle ni prix, ni produit spécifique. Donc ensemble on va «tendre» vers un univers. Il faut ensuite trouver comment rapprocher cet univers de leur budget sans être «violent». On peut, par exemple, feuilleter un catalogue de luminaires haut de gamme pour cerner le fait qu'ils aiment un univers contemporain et revenir à Ikea, Habitat ou de petites boutiques locales pour trouver l'équivalent. De la même façon, si on décide de peindre un mur, j'explique que c'est peut-être un élément qu'ils peuvent réaliser eux-mêmes et faire une économie sur le budget. On n'est pas non plus obligé de tout faire en même temps : on peut étaler dans le temps et se dire ce mois-ci, on achète la peinture et on fait la couleur, et, le mois suivant, on investit dans un canapé, un luminaire ou une table haute... Ainsi, on y va doucement, il y a toujours des solutions. Bien sûr, si on dispose d'un budget de 1 000 euros, honoraires du décorateur compris, pour refaire totalement un appartement de 40 m^2, là je dis que ce n'est pas possible et je propose par exemple deux heures de coaching.

Avez-vous une clientèle plus intéressée par le conseil que par le passage à l'acte ?

En fait, les clients viennent principalement pour la «totale». Parfois ils partent avec l'idée qu'ils vont d'abord s'offrir un conseil et qu'ensuite ils aviseront. Mais j'ai surtout le cas de figure de personnes qui me demandent finalement de prendre tout en charge parce qu'elles ne se sentent pas de le faire toutes seules. Et puis, il y a les clients qui l'expriment clairement dès le départ : vous venez mais on ne veut pas que du conseil, il faut que vous assuriez le suivi de chantier.

Sont-ils prêts à faire de grosses transformations ?

Oui. Et c'est aussi dû au prix du m^2 à Paris (je travaille beaucoup à Paris) et dans les grandes villes. Pour ceux qui sont locataires, déménager ne signifie plus obligatoirement augmenter de manière significative la surface habitable. Pour ceux qui sont propriétaires, beaucoup ont essayé de mettre de l'argent de côté en se disant que dans sept ans, ils allaient pouvoir vendre leur appartement plus cher et en racheter un autre plus grand. Finalement, il s'est passé quatre ou cinq ans et le marché de l'immobilier a explosé. Lorsqu'on regarde les prix de l'immobilier et la somme que l'on doit ajouter à la vente d'un appartement pour trouver une superficie supérieure, on se dit que, finalement, on s'entend bien avec ses voisins, que le quartier est pas mal, que l'école est bien... et on reste. Ainsi, l'argent que l'on a mis de côté, on le réinvestit dans la réfection de sa maison. Mes clients ont ainsi l'impression de déménager, et d'être dans un nouveau chez eux.

Quel est votre rôle face à leur réaction ?

D'abord ils sont très fiers de leur décision. On travaille ensemble le process, sur ce que l'on va faire, le concept, enfin la décoration. Ensuite, au moment de commencer, je ressens souvent une sorte de peur. Moi, je suis là pour les rassurer. C'est aussi parce que je les accompagne qu'on va aller jusqu'au bout.

> Dans ma démarche, j'ai besoin de faire rêver les gens, de les faire s'envoler un peu. Et quand on rêve, on ne parle ni prix, ni produit spécifique. Donc ensemble on va « tendre » vers un univers. Il faut ensuite trouver comment rapprocher cet univers de leur budget sans être « violent ».

Comment se déroule une séance de travail ?

J'ai plusieurs formules, mais de façon générale, on m'appelle et je me rends chez les gens. Au moment de l'entretien initial, j'ai besoin de savoir pourquoi ils font appel à moi, depuis combien de temps ils sont là, pourquoi ils ont choisi ce lieu et ce qui leur plaît ou ne leur plaît pas... Ensuite, on visite toute la maison. Pendant la visite, je pose beaucoup de questions et les réponses initiales me reviennent en mémoire. Je tiens alors compte de tout. Par exemple, s'ils me disent que, tous les week-ends, ils sont quinze et que je vois un nombre restreint d'assises ou, si je vois une salle à manger immense alors que la personne vit seule mais a besoin d'un bureau... Ce sont toutes ces petites incohérences et le fait • • •

Derrière le terme de coach ou de coaching, il y a une approche et surtout un accompagnement. Parce que le coaching, c'est vraiment accompagner les gens. C'est une notion très importante. Donc c'est vraiment une réflexion sur leurs besoins. C'est poser et se poser les bonnes questions.

• • • qu'ils aient oublié de me donner labonne information sur leur mode de vie qui sont intéressants dans ce processus. Je vis et je voyage dans leur univers. Je passe parfois la tête où il ne faut pas et je vois un objet que les clients aiment bien mais dont ils ne savent que faire ni où le disposer. Et il y a toujours une pièce qui ne ressemble pas aux autres, très décorée ou moins décorée ou fourre-tout mais qui en dit beaucoup. Elle ne correspond pas forcément à mon approche de la décoration, mais je creuse afin de savoir pourquoi ils aiment cette pièce et ce qu'elle révèle.

Comment aidez-vous les gens dans la démarche de coaching ?

Derrière le terme de coach ou de coaching, il y a une approche et surtout un accompagnement. Parce que le coaching, c'est vraiment accompagner les gens. C'est une notion très importante. C'est donc une réflexion sur leurs besoins. C'est poser et se poser les bonnes questions. Toutes les réponses me guident et me donnent les éléments d'un puzzle rarement construit lors de l'entretien. En fait, je m'aperçois que c'est réapprendre aux gens à vivre ensemble. Il y a très fortement l'envie de refaire plaisir – qu'est-ce que je peux faire pour que ma femme ou mon mari se sente mieux chez lui et que ce soit plus simple. Mais c'est aussi remettre en confiance. Une confiance en eux-mêmes ou en leur couple qui ne demande qu'à éclore à nouveau.

Quels sont vos « outils » ?

Je décore des appartements en essayant de trouver des solutions et surtout de rester humble, en gardant toujours à l'esprit cette question : comment apporter de vraies améliorations sans jamais « violer » les gens ni leur intimité ? Je dirais donc que l'écoute est primordiale. Quand je suis chez des gens et que je commence à faire un tour dans l'appartement, je m'imprègne de leurs objets, leurs photos, leur vie... il est donc très important d'être à leur écoute. J'ai également pris conscience d'une part psychologique, bien que je ne sois pas psychologue. Je rassure énormément. Ainsi je les amène à s'ouvrir et ce qu'il y a à l'intérieur de chacun est incroyable. Ils redécouvrent par exemple leurs goûts. Je dis souvent que j'enclenche chez eux le bouton décoration d'intérieur. Une culture qui se (re)met en place et qui les questionne. Je fais également appel au Feng Shui par l'intermédiaire d'un maître. Une science qui permet de positionner et d'installer correctement les éléments dans son intérieur.

Quelles sont les problématiques que vous rencontrez et les types de solutions que vous apportez ?

Ranger. Gérer le rangement. Retrouver de l'espace. Fluidifier l'espace. C'est la première problématique. On pourrait faire des rangements partout, mais on ne va pas réduire l'espace de la pièce. Alors j'essaie d'optimiser le rangement, en conseillant, par exemple, d'acheter le meuble juste. La couleur est également une problématique mais c'est aussi la solution. Pour moi, la couleur structure un espace. Quand on travaille bien la couleur, on arrive à jouer sur les volumes. C'est aussi ma façon de déstructurer l'intérieur, de casser les codes, de casser les volumes, de créer de la profondeur, de jouer sur les différents niveaux dans l'appartement. Avec la couleur, on est plus enclin à ranger, à ordonner, à classer, précisément parce qu'elle recrée visuellement des univers, des espaces. On a ainsi le sentiment que tout est mieux rangé comme si l'on avait agrandi l'espace. La lumière et par extension les éclairages comptent également parmi les problématiques. Il s'agit d'offrir plusieurs sources d'éclairage... et de jeter par la fenêtre l'halogène de service qui fait une lumière violente sans aucun intérêt... Ceci dit, je pense que l'on va y revenir, mais travaillé différemment et technologiquement amélioré, parce que l'halogène consomme encore beaucoup alors que l'on est dans une période d'économie d'énergie. Aujourd'hui tout est beaucoup plus clair, les abat-jour et les lampes se sont ouverts, les ampoules à économie d'énergie éclairent mieux, on a travaillé de nouvelles matières, et la lumière elle-même s'est texturée et est devenue matière.

Quelle est la réaction première de vos clients face au changement ?

Ce sont de grands enfants. Récemment, une cliente me rappelait son histoire très significative et représentative de la réaction qu'ont mes clients. Nous avions décidé de peindre un des murs blancs de sa salle à manger en couleur bordeaux-orangé. Son enfant est allé se coucher dans •••

En refermant ce livre, je souhaite que les gens regardent leur intérieur avec plus de distance et se posent des questions. Qu'ils comprennent qu'il faudrait peut-être ranger un peu, que la solution est peut-être de déplacer tel élément pour le mettre ailleurs, se demander si le canapé est à la bonne place, comprendre pourquoi on l'a mis là, s'asseoir à différents endroits dans l'appartement pour savoir où est-ce qu'ils se sentent le mieux.

••• l'après-midi pour une sieste. Dans le même temps, le peintre a peint la salle à manger. Lorsque l'enfant s'est réveillé, il est resté dix minutes devant le mur peint, il ne bougeait pas, il était émerveillé et essayait de comprendre comment un tel «phénomène» avait pu arriver. C'est exactement le type de réaction qu'ont mes clients face aux changements. Ils ne sont plus dans leur appartement pendant quelques minutes et émerveillés, ils découvrent les choses. Je leur explique ensuite qu'un appartement n'est jamais fini. J'ai placé la structure, désormais ce sont eux qui vont vivre dedans, c'est donc à eux de s'approprier le nouvel espace. En général c'est très rapide parce que, lorsque je reviens les voir, non seulement ils se sont approprié le nouvel univers, mais ils ont intégré le processus et savent désormais ce qui est adapté à leur intérieur.

Est-ce qu'il y a eu des cas difficiles voire des échecs dans vos relookings ?

Des échecs seraient vraiment étonnants avec tout le processus que j'ai mis en place mais ça pourrait être possible. Par contre, des cas difficiles, oui, c'est sûr. Je pense notamment à un coaching que j'ai eu à réaliser dans un appartement en banlieue. Je suis arrivé chez une jeune femme qui avait elle-même repeint les murs. Une couleur différente par mur dans la même pièce. Un mur vert, un mur kaki, un mur jaune, un mur rouge. L'entrée était bleu marine... Elle s'était servie de bandes adhésives autour des huisseries et des plinthes pour un effet d'encadrement blanc. Jusque-là rien de très grave, sauf que tout avait dégouliné partout. Elle avait fait appel à moi pour deux heures de coaching et malgré le fait qu'il aurait fallu tout repeindre, j'ai compris qu'elle était très fière de son travail. J'ai donc cherché des solutions pour que ce soit encore plus joli en l'harmonisant. Donc, on a fait un shopping sur Internet. On a consulté les sites de Fly, Ikea, d'Habitat et noté les références. J'ai limité le budget et pris des petites choses. On a choisi un canapé, trouvé des solutions pour le mobilier et structuré l'espace pour qu'il soit intelligent : repositionner le canapé, déplacer les étagères, mettre une table pliable pour manger, des chaises empilables, une table basse transparente. On a récupéré des éléments qu'elle avait dans le fond du placard et je lui ai fait son décor. Je lui ai indiqué que le blanc ou la transparence devait être le socle de l'unité.

Qu'est-ce qui vous motive dans le fait d'être coach ?

C'est vraiment d'aller chez les gens, de les comprendre et de trouver des solutions à leurs problèmes. J'adore ça. En fait, tout au long de mon parcours, j'ai toujours aimé rencontrer les gens. Quand j'ai fait mon BTS Force de vente spécialité ameublement, en alternance, j'étais passionné par le fait de rencontrer les gens qui m'apprenaient des choses ou chez qui j'allais essayer de régler une problématique. Quand j'étais vendeur chez Habitat, j'étais déjà passionné par l'articulation entre le produit et le besoin du client dans sa vie quotidienne. Plus tard, durant cinq ans au service de presse, c'était la problématique du journaliste qui m'intéressait, comment promouvoir la marque, comment l'insérer au mieux dans un magazine. En fait, j'étais déjà dans ce processus de coaching, d'accompagnement.

Pourquoi un tel livre ?

Parce que l'on m'interroge souvent sur le processus de création. Les gens me font venir parce qu'ils savent qu'ils vont faire des choses «sympas» avec moi et la question «comment faites-vous pour penser à ça?» revient souvent. Le processus de création est assez mystérieux pour eux. En refermant ce livre, je souhaite que chaque lecteur regarde son intérieur avec plus de distance et se pose des questions. Qu'il comprenne qu'il faudrait peut-être ranger un peu, que la solution est peut-être de déplacer tel élément pour le mettre ailleurs, qu'il se demande si le canapé est à la bonne place, qu'il comprenne pourquoi on l'a mis là, qu'il s'asseoie à différents endroits dans l'appartement pour savoir où est-ce qu'il se sent le mieux.

Comment est-ce que vous verriez évoluer votre métier ?

Travailler sur des espaces publics est fascinant. Arriver à coacher aujourd'hui pour imaginer demain avec l'idée d'être bien. Par exemple comment faire pour que des milliers de personnes qui passent quotidiennement dans un espace (aéroport, métro...) s'y sentent bien, s'y arrêtent et même y consomment. Malgré tous les architectes, ingénieurs, ergonomes et autres techniciens qui ont travaillé sur un projet, il peut manquer une vision extérieure et une coordination forte, si bien que le résultat est souvent inabouti, voire décevant. Je ne dis pas que j'aurais une baguette magique mais ce problème mérite réflexion. Par exemple, lorsqu'on mange un sandwich dehors, on a tout de même le droit de le manger autrement qu'entouré de deux autoroutes. Au Japon, ce process a été engagé depuis longtemps et les espaces publics sont beaucoup mieux pensés et fluides, car ils sont conçus pour une collectivité, une masse très nombreuse, qui les utilise pourtant de manière individuelle. L'espace public, c'est aussi les magasins. Des espaces où l'on a la possibilité de se poser, ne serait-ce que pour réfléchir à son achat. Donc, cela veut dire que le métier de coach peut quitter la sphère familiale pour la sphère publique. Et ce, afin que les gens soient mieux, se sentent mieux et (re)prennent leur temps.

01 Un espace pour recevoir et travailler

1 enfant 45 m² 9 k€

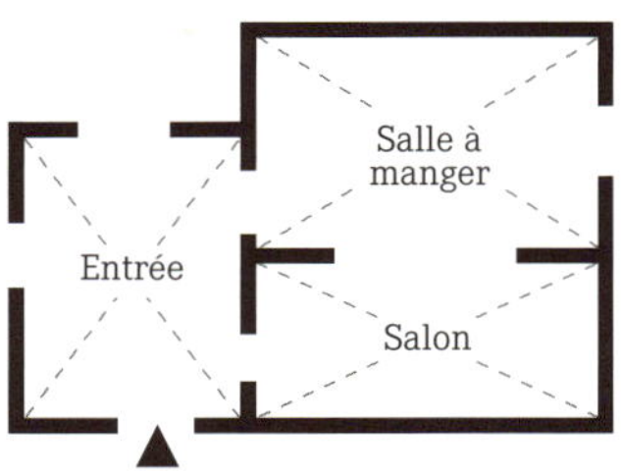

Les trois pièces à relooker sont attenantes : un hall d'entrée, un salon et une salle à manger. Le hall d'entrée est séparé du salon/salle à manger par deux doubles portes vitrées.

GROS PLAN SUR LES PROPRIÉTAIRES

Est-il possible d'emménager dans un appartement, d'y poser ses meubles et ensuite de ne rien y toucher pendant plusieurs années ? Avant de faire ce métier, un tel « immobilisme » était tout simplement au-delà de mon imagination. Mais j'ai rencontré depuis toutes sortes de clients, et j'ai pu constater que la relation au lieu de vie est extraordinairement complexe, car elle relève de la sphère la plus intime, avec les velléités de faire des travaux et les blocages que cela implique.

Ainsi Patrice et Éric, tous deux trentenaires, parents d'une petite fille de sept ans et travaillant beaucoup, ne m'ont pas surpris lorsqu'ils ont fait appel à moi pour décorer leur appartement, un an et demi après son acquisition. Il est vrai qu'ils y habitent depuis plus de 4 ans et que l'achat a eu lieu parce que la situation s'est présentée. Seule la peinture blanche des murs avait été refaite au moment de l'achat, mais cette opération n'avait pas fait bouger la moindre disposition d'un iota. Il s'agit pourtant d'un bel appartement haussmannien de quatre pièces, clair et bien distribué, qui contient de très beaux éléments structurels classiques (parquet, moulures, cheminée, vitraux colorés...). Un vrai bijou. Il me revenait d'ouvrir les yeux de ses occupants.

Le mobilier initial, moderne, était très classique, exception faite de quelques objets. Rien n'était de « mauvais goût » ; le canapé qui avait été acheté deux ans plus tôt pouvait être conservé pour le nouveau décor.

Le projet de décoration était, au-delà de clarifier la destination de chaque pièce, d'apporter une vraie personnalité à l'appartement. Je suis parti des moulures omniprésentes en allant dans deux directions : l'exagération et le détournement du côté haussmannien.

AMÉNAGEMENT ET DÉCORATION

Si les propriétaires m'ont contacté, ce n'est pas seulement parce qu'ils avaient envie d'optimiser leur habitat. Leur demande était avant tout celle d'une intervention d'urgence. En effet, leur principal problème était qu'Éric avait une fâcheuse tendance à envahir l'espace de papiers en tous genres. Professeur, et parallèlement en phase de réorientation professionnelle, il préparait ses cours chez lui et utilisait la table de la salle à manger comme espace de travail. Les rangements disponibles étaient saturés et la pièce était devenue un véritable capharnaüm ! Patrice souffrait bien évidemment de cette situation, tout en comprenant aussi qu'elle était liée à une intense activité intellectuelle, qu'il n'était pas question de réfréner. Outre la gêne quotidienne, les possibilités de recevoir se trouvaient ainsi considérablement limitées pour le couple.

Patrice avait envie d'une nouvelle cohérence pour le double séjour, autre que celle imposée par le travail de son mari. Un peu plus préservé du désordre, le salon était lui aussi annexé par Éric, d'autant que son ordinateur y était installé sur un petit meuble. La cheminée, encadrée par le deuxième bureau d'Éric et par un grand écran de télévision, ne pouvait donc plus jouer son rôle central dans la pièce et était devenue pratiquement invisible. Pourtant, elle était de très belle facture, avec un dessus en marbre, surplombé par un grand miroir.

REDONNER AUX PIÈCES LEUR FONCTION D'ORIGINE

Face à cette situation, je suis parti d'un principe de bon sens : **chaque pièce devait avoir une fonction bien définie** ; la fonction « bureau » devait être pleinement assumée, mais en étant à la fois améliorée et mieux délimitée. Il était important de donner à Éric tous les rangements dont il avait besoin et de rassembler ses outils de travail de la manière la plus fonctionnelle ; mais il fallait aussi que l'espace relooké soit visuellement fondé sur la notion de plaisir et de sociabilité, afin qu'il soit mieux respecté par le jeune professeur comme lieu de vie pour sa femme, sa fille... et leurs amis.

Le hall d'entrée

Lieu de passage, **le hall d'entrée devait davantage être affirmé comme un lieu d'accueil**, où l'on pouvait se poser, en valorisant le vitrail végétal de la fenêtre. La bibliothèque devait y être maintenue car cela permettait d'optimiser la surface disponible, mais la visibilité de ce meuble, trop imposant, devait être atténuée. Il fallait donc remplacer le mobilier de rangement noir et pour cela, opter pour deux étagères blanches toutes simples (Ikea) qui rendent l'entrée moins étouffante. Le fauteuil qui y servait essentiellement de porte-manteau pouvait trouver une seconde vie dans le séjour.

Plus que par le mobilier, c'est vraiment par le traitement des murs que le caractère de chacune des pièces se trouve renforcé.

Le salon

L'ordinateur n'y avait plus sa place ! **Cette pièce devait être recentrée sur le confort et le bien-être**. Le beau fauteuil rouge de style victorien qui avait été jusqu'alors cantonné dans l'entrée y trouvait enfin une place à sa mesure. La cheminée devait y redevenir le symbole, ou plutôt le cœur du foyer.

La salle à manger

Il m'a paru d'emblée essentiel d'**installer dans la salle à manger un bureau indépendant de la table**, de manière à permettre à tout moment dîners et déjeuners, même improvisés.

COULEUR ET PROFONDEUR

Afin de donner l'impression de tableaux, j'ai ajouté de la couleur (exagération de l'haussmannien) ou des papiers peints (détournement haussmannien) à l'intérieur des encadrements moulurés. Ce principe a rétabli l'équilibre de l'appartement en lui donnant de la hauteur et de la profondeur.

REVISITER LA DÉCO

Dans cette atmosphère et ce mobilier plutôt sombre, notamment le grand canapé en cuir brun, le blanc des murs, même assez récemment repeints, avait tendance à écraser l'appartement plutôt qu'à lui apporter de la luminosité. En effet, l'œil n'ayant pas de point d'accroche, il était en quelque sorte «submergé» par le blanc, d'où le sentiment d'écrasement. Quant aux moulures, malgré leur aspect structuré, elles ne rythmaient pas la pièce mais au contraire la compliquaient, car trop présentes et trop visibles à la fois.

Enfin, l'éclairage était quasiment inexistant : dans chacune des trois pièces pendait une malheureuse ampoule habillée d'un bout de tissu...

Réaménager par la couleur

Plus que par le mobilier, c'est vraiment par le traitement des murs que le caractère de chacune des pièces se trouve renforcé.

- L'entrée

Dans l'entrée, afin de structurer la pièce, une large bande de couleur a été peinte en haut des quatre murs et au-dessus de la fenêtre, sur le coffrage déjà existant. La teinte choisie, aubergine très foncé, met en valeur une couleur dominante du vitrail à motifs végétaux. Le but recherché était de créer un temps d'arrêt dans l'entrée. Cet encadrement prend la place d'un tapis, il joue le même rôle et •••

••• structure bien la pièce. Cet ensemble donne, dès l'entrée, le ton de l'appartement dans ses nouveaux atours : élégance, surprise, sobriété.

• Le salon

Dans le salon et la salle à manger, les moulures créent aux murs des encadrements avec lesquels j'ai eu envie de m'amuser, pour mieux en tirer parti et rompre avec l'uniformité du blanc.

• La salle à manger

Pour le salon, je suis parti de la couleur du fauteuil rouge, qui dégage beaucoup de force, mais sans pour autant être trop présente à la longue. Elle s'harmonise également avec le tableau fauviste à fond rouge représentant une femme à la manière du peintre Kees Van Dongen. Fauteuil et tableau étaient tous deux « cachés » dans l'entrée : ici, ils donnent une véritable tonalité à la pièce et le tableau, désormais posé à même le sol, devient lui aussi un élément vivant de décoration.

Choisir une couleur n'est pas simple et partir d'un objet (comme un fauteuil ou un tableau) **peut vous aider dans vos choix**. Si le choix du rouge peut vous sembler évident aujourd'hui (comme il l'était pour moi dès le départ), il était dans un premier temps inenvisageable. Le passage à la couleur nécessite souvent une véritable argumentation avec les propriétaires, ce qui a été le cas ici : mais, suite à un véritable bras de fer, ils ne regrettent pas d'être passés d'un fade blanc cassé à un lumineux vermillon.

Dans la salle à manger se trouvaient derrière un meuble trois encadrements moulurés qui, mis en valeur, ont donné naissance à trois encadrements de tableaux. Cela m'est apparu

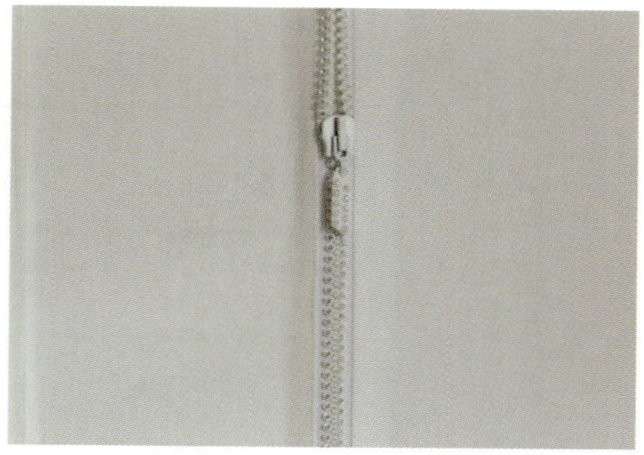

TRACY KENDALL

Conceptrice de papier peint, Tracy Kendall en redéfinit complètement le concept. C'est en 1996 qu'elle se penche sur de nouvelles conceptions, alors qu'à ses yeux les papiers plats existants que l'on collait contre un mur devenaient obsolètes. Elle lance alors une nouvelle gamme qui, récompensée à l'International Contemporary Furniture FairICFF de New York, connaît un franc succès. Son talent réside en sa manière de travailler le papier, en le traitant davantage comme un textile, en le tissant, en créant des effets 3D... Ce nouvel art lui permet, en travaillant en étroite collaboration avec son client, de bien cerner ses besoins et de proposer des créations toujours plus séduisantes.

comme une évidence dès ma première visite. La solution de facilité aurait été d'y placer en leur centre trois peintures encadrées formant ou non un triptyque. Je suis allé plus loin en transformant la moulure en cadre à part entière, grâce au papier peint apportant des motifs capables de s'imposer dans un espace bien délimité.

Trois papiers peints différents ont été utilisés : le premier, dans l'encadrement central, est une impression à motifs Toile de Jouy. À gauche, le deuxième papier peint se caractérise par une rangée verticale de boutons noirs – de vrais boutons et de vraies boutonnières, cousus à la main, comme un vêtement ! À droite, le troisième papier peint, toujours inspiré par le vêtement, est traversé par un zip en strass. Il s'agit de créations originales de la designer anglaise Tracy Kendall (The Collection). Le choix de ceux-ci a été très long. Il a d'abord fallu que je trouve la collection qui s'approchait le plus de l'univers que je voulais créer. Puis il a fallu les choisir et les faire valider par les clients ! **Le but était de mettre des papiers peints suffisamment forts pour attirer l'œil et insuffler un contraste avec le salon, tout en respectant un équilibre**.

UN CHOIX DE MEUBLES TRÈS DESIGN

Le meuble de télévision trop encombrant et trop haut a été changé pour un meuble blanc à roulettes (Fly), beaucoup moins présent, plus design et plus pratique.

Le bureau choisi (Habitat), avec un plateau en verre tout comme la nouvelle table (Har Design), présente le grand avantage de ne pas être trop présent. La double polarité de la pièce s'est trouvé ainsi allégée. En outre, la transparence permet également d'attirer encore plus l'attention sur les éléments décoratifs mis en scène sur le mur du fond. Pour le rangement, des meubles bas blancs contemporains (Habitat) se sont imposés comme la meilleure solution pour cacher dossiers et papiers, sans pour autant minimiser la place qu'ils occupent. Là aussi, leur hauteur a été choisie pour qu'ils ne dépassent pas les moulures de la partie basse du mur. Par ailleurs, grâce à leur faible hauteur et leur discrétion, ils permettent aux encadrements de prendre toute leur dimension sur le mur principal.

Pour les chaises, nous ne pouvions pas conserver l'idée de transparence, il fallait rééquilibrer la couleur en la replaçant au centre de la pièce – sachant que les murs étaient traités en noir et blanc. Les propriétaires ont choisi un modèle de chaises créé par Pascal Mourgues et édité par Ligne Roset, qui a permis ce recentrage.

J'ai pensé qu'il était nécessaire de prendre le contre-pied, mais toujours en évitant des luminaires trop classiques.

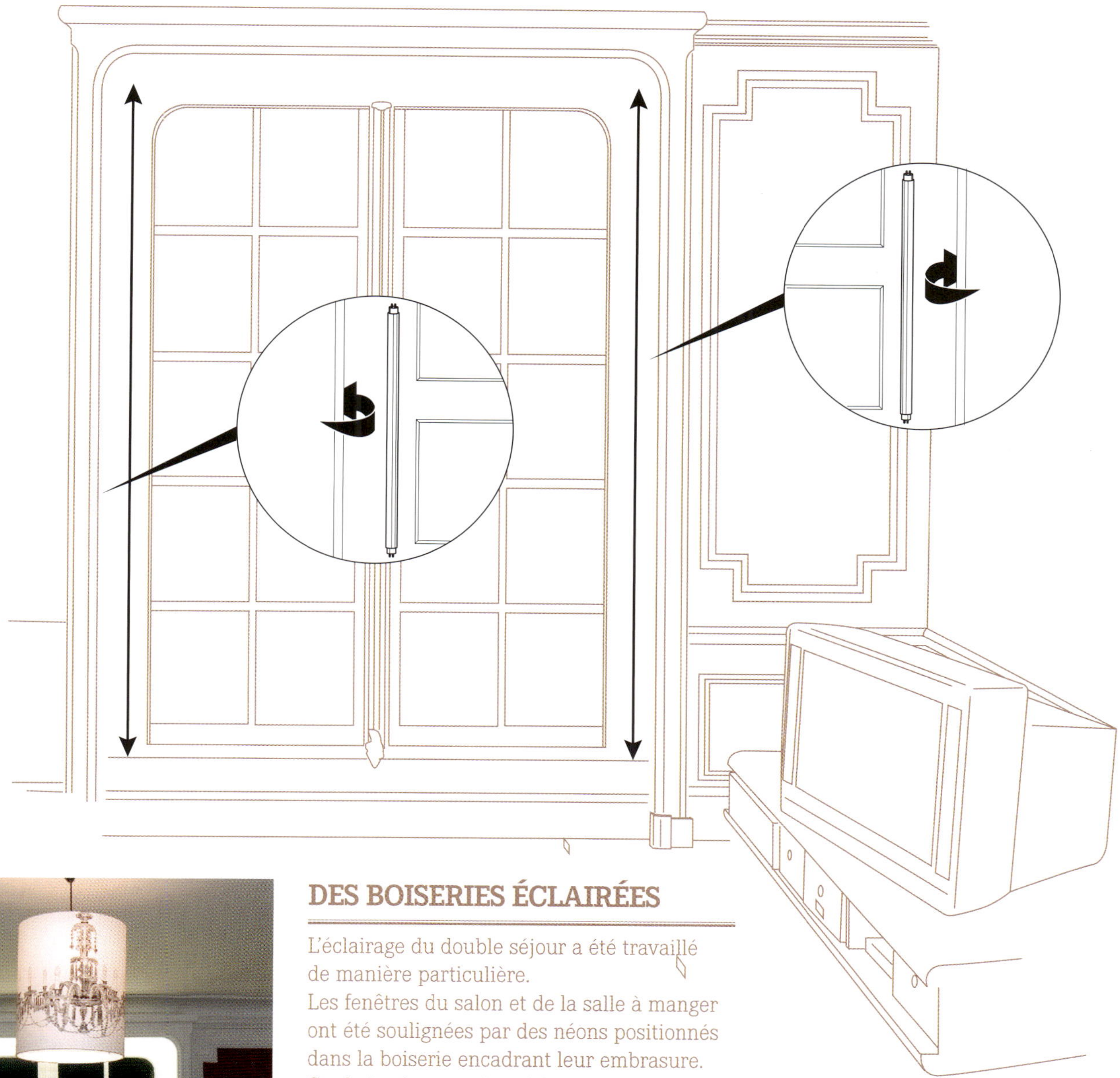

DES BOISERIES ÉCLAIRÉES

L'éclairage du double séjour a été travaillé de manière particulière.
Les fenêtres du salon et de la salle à manger ont été soulignées par des néons positionnés dans la boiserie encadrant leur embrasure. Ces boiseries servaient à l'origine pour cacher les tringles et têtes de rideaux. Or, je ne voulais pas mettre de rideaux car ils risquaient d'enlever à la pièce de la lumière naturelle et il me paraissait important que les fenêtres demeurent une source permanente d'éclairage : non seulement en journée, mais encore le soir, ce qui est plus inhabituel – sans être pour autant dérangeant passé l'effet de surprise. Cachés à l'œil, les néons diffusent une lumière indirecte, non agressive, qui crée un effet cinématographique, dessinant les contours des ouvertures.

LUMIÈRE SUR UNE NOUVELLE DÉCO

Avant mon intervention, l'éclairage consistait uniquement en trois suspensions en tissu jauni, pas très bourgeoises et un peu trop bohêmes...

J'ai pensé qu'il était nécessaire de prendre le contre-pied, mais toujours en évitant des luminaires trop classiques. J'ai choisi des suspensions très différentes pour le salon, la salle à manger et l'entrée, en harmonie avec le style choisi pour chaque pièce.

Dans le salon, une suspension avec abat-jour cylindrique (Printemps) reproduisant le dessin d'un lustre en cristal : comme un clin d'œil au classicisme de la pièce, désormais rompu par la nouvelle décoration. Dans la salle à manger, une suspension tout en longueur avec un long abat-jour noir, qui habille parfaitement la table située juste en dessous et qui va pouvoir éclairer les dîners. Fixée par un seul câble visible et par un fil invisible, elle semble presque flotter dans les airs. Enfin dans l'entrée, un abat-jour d'un matériau très contemporain donnant l'aspect du miroir qui va « récupérer » la couleur aubergine choisie pour le haut des murs.

Au final, ce dont je suis le plus fier, c'est d'avoir répondu à la problématique de rangement des propriétaires, et d'avoir ainsi facilité leur quotidien, au-delà de leur occasion de réception.

Utiliser les cadres de moulures comme des tableaux en posant du papier peint à l'intérieur. Ne pas hésiter comme ici à avoir recours à des papiers peints différents, si possible originaux et travaillés en termes de graphisme ou de matière, afin d'accentuer l'effet de tableau.

Souligner graphiquement des fenêtres par des néons positionnés dans la boiserie encadrant leur embrasure. Dans ce cas, ne surtout pas mettre de rideaux, les fenêtres devenant une source permanente d'éclairage, de jour comme de nuit.

Reprendre un élément d'un espace comme couleur de base pour la peinture des murs – ici, la couleur rouge d'un fauteuil et d'un tableau.

Souligner l'architecture d'une pièce en peignant une partie structurante ou une bande de couleur, par exemple en profitant d'un coffrage ou de moulures déjà existants.

Faire le choix de mobiliers en verre (table, bureau...) pour un effet de transparence qui allège l'ensemble et met en valeur la décoration murale.

LES IDÉES DÉCO

SHOPPING

Vous trouverez les objets cités dans ce relooking dans les magasins suivants :

Har Design – *www.hardesign.fr*
Printemps – *www.printemps.com*
Ikea – *www.ikea.fr*
Habitat – *www.habitat.net*
The Collection – *www.thecollection.fr*
Ligne Roset – *www.ligneroset.fr*
Fly – *www.fly.fr*

02 Un aménagement d'aujourd'hui dans un immeuble d'hier

2 adultes 110 m² 30 k€

GROS PLAN SUR LES PROPRIÉTAIRES

Aurélie et Laurent, la petite trentaine, venaient d'acquérir à Paris un appartement en étage élevé d'environ 120 m², dans un immeuble datant des années 1960. Son atout principal était un salon d'un beau volume, doté d'une grande baie vitrée et d'un balcon avec vue sur les toits ainsi que sur le dernier étage de la Tour Eiffel – grand classique toujours prisé et indémodable à Paris ! Le parquet clair était en bon état et demandait juste un ponçage léger à la fin des travaux. Mais le principal problème était la forme même de l'appartement : un U inversé, où l'on entrait par le milieu. Le salon constituait la partie gauche. La partie droite était faite d'un entassement de petites pièces (deux chambres, une salle de bains, un wc et une cuisine). Ce déséquilibre était d'autant plus gênant que la partie centrale, ancien « petit salon » faisant fonction d'entrée, de dimensions assez importante (4 m sur 3,60 m), risquait, telle quelle, de rester vide ou mal utilisée, d'autant qu'elle était sans fenêtre et donc assez sombre.

Les années 1960, c'est sympathique... au cinéma

Les jeunes propriétaires voulaient optimiser le salon en l'état et reconfigurer les espaces relevant des fonctions « vitales » : dormir, se laver, cuisiner. Jusque dans les années 1960-1970, les pièces correspondant à ces fonctions étaient généralement petites, et l'on devait s'y adapter tant bien que mal. Aujourd'hui, on a besoin – ou à défaut, on rêve – d'une grande cuisine, d'une grande salle de bain, d'une grande chambre avec, si possible, un dressing. Outre ce cahier des charges naturellement repris par Aurélie et Laurent, il était impératif d'optimiser l'espace du milieu de l'appartement, pour en faire un endroit accueillant, lumineux et convivial. La tâche n'était pas aisée... Mais il en fallait plus pour me décourager !

HERB RITTS
L'AGENCE

AVANT :
Un appartement en forme de U inversé, où l'on entrait par le milieu. Dans la partie gauche, un salon bien dimensionné. Dans la partie droite, un entassement de petites pièces (deux chambres, une salle de bains, un WC et une cuisine). La partie centrale, sans fenêtre, faisait fonction d'entrée et servait de « petit salon » ; cette pièce était inadaptée au mode de vie actuel.

Mon travail a consisté en deux prestations complémentaires : en amont, la reconfiguration de l'appartement pour répondre aux orientations définies avec les propriétaires ; au cours de la réalisation, des interventions ponctuelles de coaching aux grandes étapes du chantier.

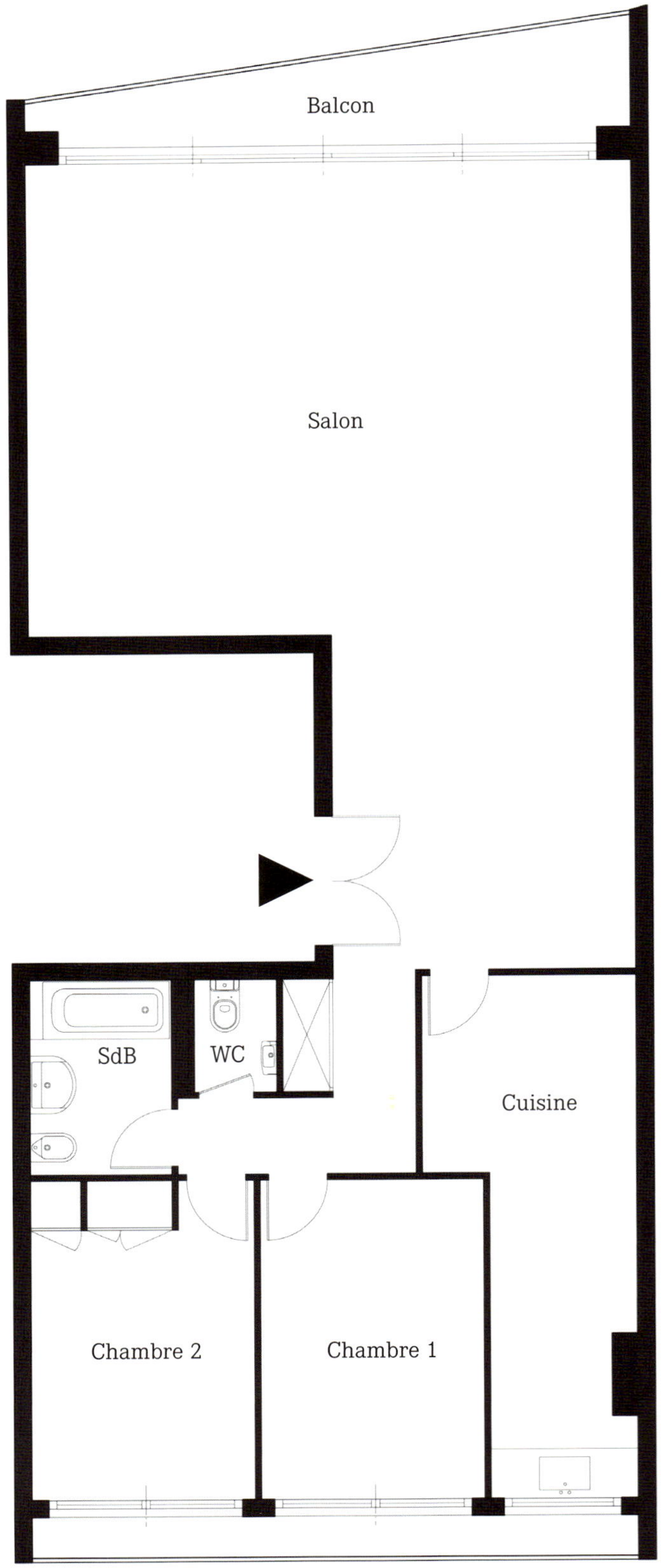

Après :
Dans la partie centrale, on a installé une cuisine semi-ouverte, prolongée par un bar vers le salon. Dans la partie droite, l'emplacement libéré par l'ancienne cuisine a été pour partie utilisé afin d'agrandir la chambre principale et pour une autre partie afin de créer un dressing attenant.

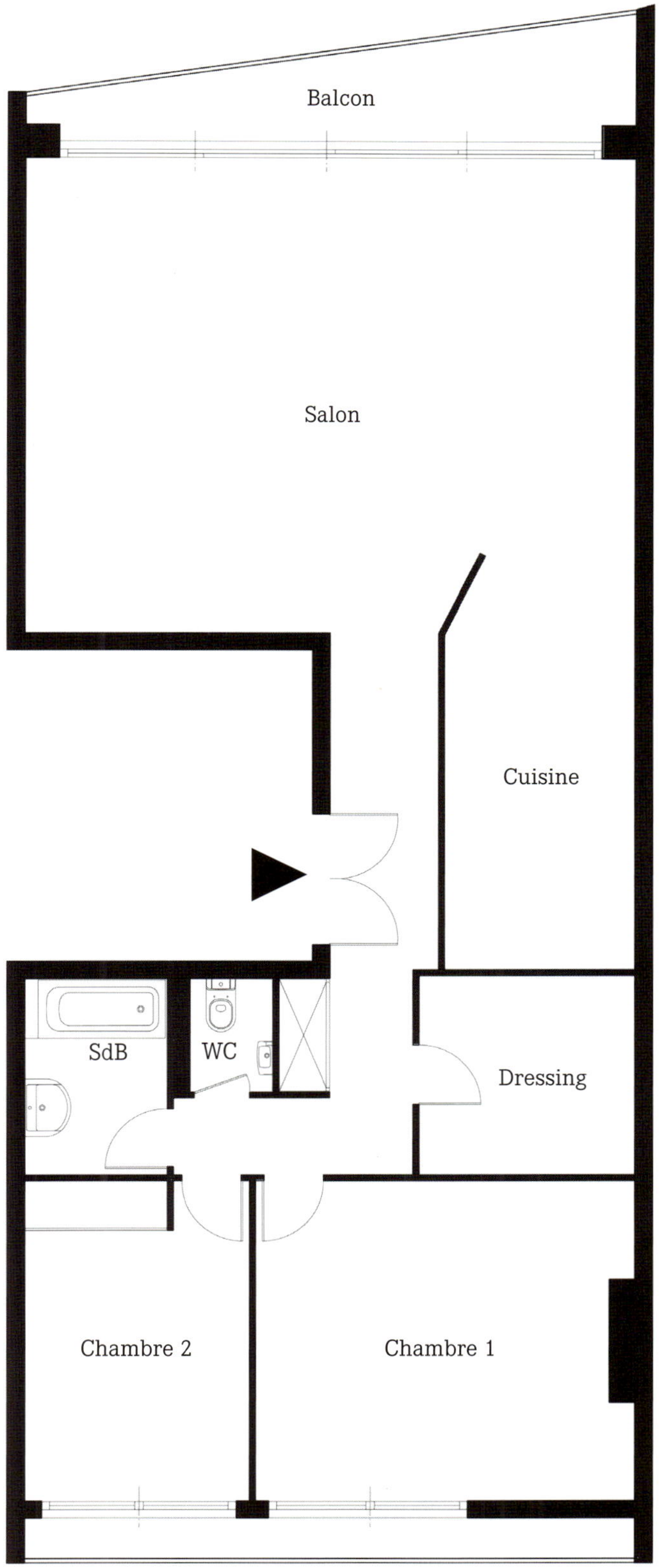

Reprendre le plan d'un appartement, c'est un peu comme réécrire le scénario d'un film. Coiffé de ma casquette de réalisateur, pardon, d'architecte d'intérieur, j'ai repensé l'appartement avec comme ligne conductrice l'optimisation de la grande entrée.

RÉÉCRIRE LE SCÉNARIO

Le processus «d'écriture» a été chronologiquement le suivant. Tout d'abord, nous avons décidé d'enlever l'ancienne cuisine, mais pour limiter les abattements de cloisons, en conservant son mur gauche (qui est devenu le mur mitoyen entre dressing et cuisine dans le plan définitif) ; dans le même temps, nous avons opté pour condamner une fenêtre dans la chambre principale ; je reviendrai sur l'intérêt de cette mesure en termes de Feng Shui.

Ensuite, nous nous sommes trouvés face à deux possibilités pour placer la cuisine : soit dans le salon, à l'endroit où se trouve actuellement une grande bibliothèque ; soit dans la partie centrale, avec deux contraintes majeures : d'une part, **la nécessité de construire une dalle**, avec une hauteur minimale pour les évacuations d'eau ; d'autre part, **de maintenir un espace suffisamment large** pour l'entrée – la peur des propriétaires était qu'on ait l'impression en entrant de «tomber le nez dans la marmite». C'est pourtant cet emplacement qui a été retenu, car ces deux contraintes ont pu être résolues assez vite : concernant la dalle, sa hauteur pouvait être limitée à 10 cm, ce qui permettait de ne pas rompre l'harmonie avec la hauteur sous plafond (2,50 m) ; et après une réflexion qui n'était pas forcément

évidente quand on travaille sur plan, nous avons trouvé la bonne longueur et surtout la bonne largeur pour la cuisine, en évitant une entrée trop étroite. À ce stade, nous avons également réfléchi à cette question essentielle : quelle sera la première chose visible quand on entrera dans l'appartement ? L'idée d'**une vitre entre la cuisine et l'entrée** a alors émergé, et il était même prévu de coller sur le verre une photo prise par Aurélie (qui est artiste photographe).

Avec la création d'une grande cuisine américaine au fond de la partie centrale, on ne gagnait pas tant en longueur qu'en largeur par rapport à la cuisine initiale, même avec la contrainte de ménager l'espace de l'entrée. Surtout, on réduisait la distance entre cuisine et salle à manger et on renforçait la convivialité avec la mise en place d'un grand plan de travail qui permettait un contact visuel avec le salon. Depuis la cuisine, on peut désormais profiter d'une vue plus dégagée et d'un réel sentiment d'espace, c'est un endroit où l'on peut vraiment vivre et respirer au cœur et au rythme de l'appartement. Et dans la partie droite de ce dernier, la qualité de vie est nettement améliorée par l'agrandissement de la chambre principale et la création du dressing. En revanche, la deuxième chambre, la salle de bains et les toilettes restent de dimensions inchangées (on ne pouvait pas être gagnant partout !), mais cela n'empêchait pas de les moderniser. Au final, l'appartement est séparé de manière assez logique et équilibré entre une grande partie jour, à gauche, et une partie nuit de moindre dimension, à droite, néanmoins très agréable.

Cuisine US, yes ! But « de Luxe »

Je n'ai pas un amour immodéré pour les cuisines américaines, mais c'est surtout parce qu'on risque de se retrouver avec un comptoir de bar pas forcément adapté, qui est souvent •••

••• une solution de facilité au-delà de son caractère convivial. **La qualité de la hotte aspirante est évidemment primordiale** si on ne veut pas condamner l'appartement à sentir le graillon pendant une semaine. Même avec du matériel performant, cuisiner réclame un minimum d'intimité et de tranquillité. Aussi, dans l'appartement d'Aurélie et Laurent, nous devions éviter l'écueil d'une cuisine trop ouverte, afin qu'elle soit praticable au quotidien.

Si vous regardez bien les photos de la cuisine, vous verrez que celle-ci n'est que faussement américaine. Je m'explique : **tous les éléments d'une fermeture sont présents, sans être appuyés**. Tout d'abord, la partie au fond à droite est protégée du vis à vis trop brutal avec la porte d'entrée par une demi-cloison, dont la longueur a été définie précisément par rapport aux éléments hauts, placards et réfrigérateur, prévus à cet endroit. Dans le prolongement de cette cloison, un coffrage a été créé pour y placer une vitre et y encastrer des spots : l'un est fixe et dirigé vers la vitre pour éclairer en permanence le plan de travail et l'entrée, l'autre est directionnel et éclaire différentes parties de la cuisine, notamment l'évier. Ce coffrage et la vitre séparent la cuisine de l'entrée sans faire pour autant de cette dernière un couloir, grâce à un effet de paravent transparent – qui pourrait aussi être renforcé par une photo imprimée en transparence (ce qui était d'ailleurs ma proposition initiale, et il n'est pas exclu que les propriétaires y viennent un jour). De plus, la poutre structurelle qui fermait auparavant visuellement la partie centrale de l'appartement (le petit salon) délimite maintenant harmonieusement la cuisine par rapport au salon.

Enfin, le décrochement qui termine le plan de travail avec un bar à deux places établit

FARROW & BALL

La spécificité de la marque de peinture Farrow & Ball provient de la qualité de ses méthodes traditionnelles de fabrication et de ses formulations d'origine, ayant permis de créer des couleurs d'une matité et d'une profondeur particulières.
La gamme des coloris se caractérise par des nuances raffinées – pour la plupart pastelles, détrempées ou vieillies, qui évoquent le charme des intérieurs anglo-saxons.

un vrai pont avec le salon. Son angle de 45° a été arrondi pour assurer la fluidité du passage de l'entrée vers le séjour. Malgré sa couleur, le bar semble appartenir bien plus au salon qu'à la cuisine ; sa spécificité et l'invitation à s'y asseoir sont rehaussées par deux petites suspensions en verre plissé, créées par Philippe Stark et éditées par Flos.

C'est l'utilisation de la couleur sur toute la coque extérieure de la cuisine qui a apporté à celle-ci son originalité et son effet protecteur – ainsi qu'à l'entrée. La teinte choisie dans le nuancier de Farrow & Ball, intitulée Radicchio – un rouge bordeaux, fort et chaleureux, tirant légèrement sur l'ocre comme la robe d'un bon vin – ressort d'autant mieux que les parties « techniques » ont été choisies dans des teintes neutres : placards laqués blanc, évier et réfrigérateur en inox.

Le blanc lisse du mobilier le rend particulièrement discret et élégant, tout en éclaircissant l'intérieur de la pièce, qui rappelons-le n'a pas d'éclairage naturel en propre. Vous serez peut-être surpris d'apprendre qu'il s'agit d'une cuisine Ikea... mais haut de gamme, et montée par des professionnels – ce qui évite toute mauvaise surprise. Autre effet de lumière imprévu : des miroirs là où on aurait attendu du carrelage. Ils donnent de la profondeur à la cuisine et quand on est dans l'entrée, renvoient en douceur l'énergie dans tout l'appartement : attention, ce procédé fonctionne surtout parce que les miroirs sont trop bas pour que l'on puisse vraiment se regarder dedans, ce qui évite un retour d'énergie trop direct, contraire aux règles de base du Feng Shui.
Dans l'entrée, le visiteur est extrait de la banalité du quotidien grâce au luminaire que j'ai conseillé de placer face à la porte d'entrée : le modèle Louis 5D créé par Blandine Dubos et diffusé par Ligne Roset. Cette applique en acrylique transparent, dotée d'une ampoule à calotte argentée, est découpée en forme de chandelier du 17ème siècle, et projette son ombre agrandie sur le mur auquel elle estfixée, évoquant ainsi une autre dimension, insaisissable et fantomatique... Outre l'illusion d'optique ainsi suscitée, romantique et subtile, cette lampe présente également l'avantage de mettre la couleur en valeur à cet endroit clé de l'accueil.

UN SALON-SALLE À MANGER BIEN DANS SON SIÈCLE

Dans le salon nu tel que trouvé au départ, les seuls points saillants étaient les deux cache-radiateur carrés de part et d'autre de la grande baie vitrée. Ils étaient surplombés initialement d'étagères que nous avons convenu avec les propritaires de retirer – Laurent a tout fait pour pouvoir les garder mais n'a pas fait le poids face à deux personnes bien décidées... Ainsi modifiés, ces éléments pouvaient servir de tablette pour des objets décoratifs, mais aussi faire office de **repères pour une double polarisation de la pièce**, qui s'imposait : une partie salle à manger en haut, une partie salon, plus grande, en bas.

Sur la partie salle à manger, la table du mobilier d'origine des propriétaires a été réutilisée. Mon intervention a donc consisté tout d'abord à valider avec Laurent le choix des chaises, dont la sobriété est rehaussée sur la tapisserie par les rayures noires alternant avec une couleur « crème de marron » (on en mangerait...). Surtout, j'ai validé les coups de cœur (suspension trouvée au BHV), avec un très beau « branchage métallique » ; les vases (série diffusée par Dior) disposés sur la tablette du cache-radiateur, forment une composition de trois colonnes abstraites et apportent un « plus » graphique.

Dans la partie salon, le changement le plus important dans la structure a été **la création d'une grande bibliothèque en bois** sur toute la longueur du mur face à la baie vitrée. Au départ, Laurent et Aurélie avaient envisagé de récupérer une bibliothèque que voulait leur céder leur tante, mais celle-ci a heureusement changé d'avis. C'est donc un meuble sur mesure qui a été réalisé par un menuisier, selon un dessin issu principalement des indications des propriétaires, qui allie sobriété (en évitant notamment des poignées aux placards du bas) et modernité, avec des cellules d'étagères faussement aléatoires. De manière à intégrer ce meuble le mieux possible au salon, **la moulure du haut du mur a été recréée sur la partie supérieure** ; cependant, en termes de couleur, il était intéressant de trancher avec le reste des murs et le plafond, grâce à une teinte différente du blanc. Pour ce mobilier, nous avons donc choisi dans le nuancier de Farrow & Ball un beige foncé intitulé London Stone, autant dans la retenue que le rouge de la cuisine est affirmé, mais apportant une atmosphère particulière, avec un soupçon « british » dans une ambiance résolument contemporaine. La bibliothèque est éclairée le soir par une rangée de spots directionnels orientables fixée au plafond. Sur le côté, **un escabeau discret en bois** (meuble de récupération trouvé dans une brocante par les propriétaires) permet d'atteindre les étagères les plus élevées.

La partie la plus design et la plus en vue du salon est bien sûr l'ensemble constitué pour lire, se reposer, recevoir ou regarder la télévision (un écran LCD est fixé au mur).

Dans mes propositions, j'ai voulu jouer sur un effet de fort contraste entre le canapé et • • •

• • • le fauteuil. Le fauteuil blanc (modèle édité par Edouard Rambaud) est la «star» du salon, avec son repose-pied, qui fait aussi office de table basse (en l'utilisant avec un plateau). Entre la bibliothèque et l'écran plat, il personnalise l'aspiration au confort individuel mais aussi à la richesse intérieure apportée par la lecture ou le visionnement d'un film.

Le canapé (modèle édité par Baltus) est, quant à lui, d'un design très épuré et discret, mais synonyme de confort et invitant à la convivialité. Quasiment dans la même teinte, le meuble bas TV Arte que j'ai proposé, un modèle laqué créé par David Lange (collection Whynot), finit la pièce par une touche ultradesign sans être ostentatoire. Il est ici d'autant plus léger que l'écran de la télévision n'est pas posé mais accroché au-dessus, ce qui le convertit en buffet bas et fait ressortir ses lignes.

Dans le coin où se situe le cache-radiateur, les propriétaires bénéficient également d'un espace de liberté pour varier la décoration, avec par exemple des tableaux ou des appareils photo anciens de la collection d'Aurélie.

Ce qui vaut dans un château vaut aussi dans un appartement !

UNE CHAMBRE À LA TÊTE (DE LIT) BIEN FAITE

Nous avions désormais l'espace pour créer sur le mur du fond une tête de lit digne de ce nom. Outre l'avantage en termes de Feng Shui, le bénéfice esthétique en est également évident : ce qui vaut dans un château vaut aussi dans un appartement ! Mais plutôt qu'imposer à cet endroit la copie d'une tapisserie d'Aubusson, j'ai pensé en termes de couleur et de rangement. La solution : agrandir le coffrage d'un conduit de cheminée déjà existant pour avoir une tête de lit de 160 cm de large, en ajoutant une finition belle et pratique à la fois, à savoir deux étagères, de chaque côté du lit ; et au pied de chaque étagère, un caisson sans poignée, comme dans la bibliothèque du salon.

Le coffrage agrandi derrière le lit permet de créer un grand aplat de couleur qui se suffit à lui-même avec la teinte choisie, aubergine, dès lors que les autres murs restent blancs. Cette tête de lit simple et présente a juste été complétée par un couvre-lit et des coussins dans une couleur approchante. Deux tables de chevet, de part et d'autre du lit, qui appartenaient déjà aux propriétaires, ainsi que quelques tableaux au sol, achèvent l'installation, qu'il serait superflu de charger, au risque de compromettre le repos.

QUELQUES NOTIONS DE FENG SHUI...

Dans la nouvelle configuration de l'appartement, la chambre principale permet d'avoir un lit bien placé, à la fois par rapport à la porte et à la fenêtre – rappelons qu'une autre fenêtre a été enlevée dans cette pièce, qui n'a pas besoin de trop d'éclairage.
Le sommeil ne peut en effet qu'être perturbé si le lit se trouve au beau milieu du champ des énergies conjuguées de toutes les ouvertures (fenêtres et portes), comme c'était le cas dans la configuration initiale, où la taille de la chambre obligeait à mettre la tête ou le pied du lit exactement sous la fenêtre.

DES CONSEILS POUR VOTRE SALLE DE BAINS

Enfin, j'ai également conseillé les propriétaires, mais plus en pointillé, sur l'aménagement de la salle de bains. Mon travail s'est en effet limité à choisir les matériaux. Comme nous nous sommes arrêtés sur des galets, j'ai alerté notamment Aurélie et Laurent sur la nécessité d'essayer pieds nus les sols dans les magasins : il fallait en effet être certains qu'ils seraient agréables au pied au réveil !

LES IDÉES DÉCO

On peut faire appel à un décorateur pour accompagner le changement de structure et de couleur(s) - puis suivre les travaux soi-même et refaire intervenir le décorateur ponctuellement.

Utiliser une vitre pour fermer une cuisine sans l'enfermer.

Faire d'une contrainte un atout : en effet, une contrainte technique telle qu'une dalle de cuisine rehaussée permet de délimiter un espace et une fonction.

Revisiter votre tête de lit qui peut se distinguer par un coffrage ou un aplat de couleur : par exemple, ici nous avons réutilisé la contrainte du conduit de cheminée. Mais n'hésitez pas à créer un coffrage bas avec rangement par exemple...

Dans une chambre, veiller à ce que le lit ne soit pas au milieu des énergies traversant les fenêtres ou la porte.

Dans une salle de bains, veiller à ce que les matériaux du sol soient agréables au pied.

SHOPPING

Vous trouverez les objets cités dans ce relooking dans les magasins suivants :

Farrow & Ball – *www.farrow-ball.com*
Ligne Roset – *www.ligne-roset.tm.fr*
Ikea – *www.ikea.fr*
Flos – *www.flos.com*
BHV – *www.bhv.fr*
Dior – *www.dior.fr*
Whynot (by David Lange) – *www.davidlange.com*
Baltus – *www.baltuscollection.com*
Edouard Rambaud – *www.edouardrambaud.com*

« Le Feng Shui l'acupuncture de la terre »

Hélène Weber, Maître Feng Shui.

Hélène Weber est la représentante exclusive en France de la très sérieuse Mastery Academy of Chinese Metaphysics. C'est à Hong Kong, au début des années quatre vingt qu'Hélène Weber découvre cet art. Elle a étudié le Feng Shui traditionnel et a d'abord été initiée par Maître Yap Cheng Hai, puis par Joey Yap reconnu dans le monde entier comme l'un des plus grands maîtres Feng Shui traditionnel. Parce qu'aujourd'hui l'habitat aussi doit se penser de façon holiste.

Qu'est-ce que le Feng Shui ?

Tout d'abord, c'est une discipline. C'est l'art d'utiliser les énergies qui nous entourent, réparties en cinq éléments : le bois, le feu, la terre, le métal et l'eau. Le fondement du Feng Shui, qui veut dire vent et eau en chinois, est avant tout d'aider les gens à se sentir mieux, d'harmoniser les énergies de l'environnement de chacun pour améliorer la qualité de vie. Et ce, absolument partout, à la maison, au travail. Le Feng Shui va travailler sur les énergies telluriques, issues de la terre, et les énergies cosmiques, issues du ciel, qui sont en fait similaires puisque la terre fait partie du cosmos. Ce qui se passe sur la terre étant le reflet de ce qui se passe dans le cosmos. Donc, avec le Feng Shui on va travailler sur la circulation de l'énergie vitale, le Qi (prononcez Chi, *ndla*), qui bouge tout le temps et qui passe de pièce en pièce. Ces énergies, totalement invisibles, sont susceptibles de transformer entièrement notre façon de vivre.

Je dis souvent que le Feng Shui est l'acupuncture de la terre. Puisque si on a un problème, on va toucher un endroit précis afin qu'automatiquement l'énergie re-circule aisément.

Quels en sont les grands principes ?

Il faut donc imaginer un flux d'énergie à l'intérieur de son appartement ou de sa maison, à l'image d'un cours d'eau, et se demander si ce flux, ce courant circule bien, s'il fait des méandres, et si cette circulation est navigable ou difficile. Ainsi, il faut être très attentif à l'ouverture. Quelqu'un qui a une maison doit se demander quel est le devant et quel est l'arrière de sa maison. Et vers quoi elle est ouverte. Il faut savoir que si un lieu est ouvert sur un parc ou sur un jardin, c'est extrêmement bénéfique. La raison en est simple, on a une étendue verte avec des arbres qui représentent l'élément bois c'est-à-dire la croissance et le développement. Et pour l'arrière, il faut être protégé. Ainsi, il est bon d'avoir une colline ou une montagne ou un autre immeuble pour le cœur des villes. Donc, on peut dire que le devant doit être ouvert et l'arrière fermé. Ainsi, l'énergie va entrer par le devant mais ne va pas ressortir tout de suite par l'arrière, elle va circuler et rester. Il faut également être très attentif aux couloirs. Un long couloir peut générer une accélération des flux d'énergie, qui seront lancés à vive allure comme les rapides d'un torrent, et rendre les choses vraiment très dures. Le centre de son habitation est également très important. Il doit être respecté et totalement dégagé à l'image des habitations chinoises anciennes construites autour d'un patio préservant ainsi le centre de la maison. Donc, en Feng Shui, l'énergie doit être ni trop stagnante, c'est-à-dire trop Yin (fenêtres fermées, rez-de-chaussée, fond d'une cour), ni trop rapide, c'est à dire trop Yang, (long couloir). On va essayer de trouver le chemin du milieu, le Tao et l'équilibre harmonieux. Mais avant tout, il est important de penser Feng Shui très en amont, dès l'achat d'un terrain ou la visite d'un appartement. Le choix du terrain et l'emplacement de la maison sur ce terrain sont déterminants. Le plus important évidemment étant l'environnement.

Que peut-il nous apporter ?

Le Feng Shui bien appliqué va nous apporter beaucoup de satisfaction puisque l'on sait qu'on aura une maison à laquelle on aura apporté le maximum. On peut très souvent éviter des catastrophes. On va se sentir mieux et plus en harmonie avec son environnement, il y aura une grande paix et une joie qui vont se créer. Mais, attention, on n'est pas forcément fait pour devenir milliardaire, ça, le Feng Shui n'y peut rien. On n'est pas non plus forcément fait pour rencontrer l'homme ou la femme de sa vie. Mais on est fait pour être heureux avec ce qui nous a été donné. Non pas se contenter des choses mais savoir que l'on va être plus alerte donc forcément mieux, en meilleure santé, de meilleure humeur et retrouver sérénité et plénitude.

Il faut donc imaginer un flux d'énergie à l'intérieur de son appartement ou de sa maison, à l'image d'un cours d'eau, et se demander si ce flux, ce courant circule bien, s'il fait des méandres, et si cette circulation est navigable ou difficile.

-

De Hélène Weber
Feng-Shui Facile - avec la méthode des 8 palais
Tredaniée - 02/2005
Feng-Shui-questions-réponses
Tredaniée - 04/2001

03 Je veux de la couleur !

1 adulte 45 m^2 3,6 k€

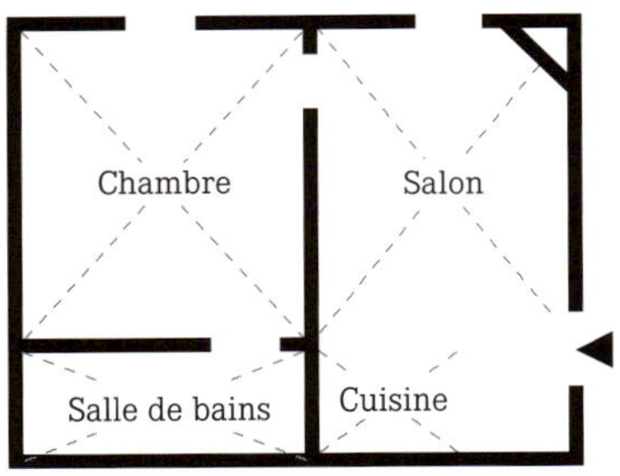

Le salon et la chambre avaient besoin de prendre vie… Virginie, jeune propriétaire souhaitait s'approprier des lieux nouveaux, dynamiques et colorés.

GROS PLAN SUR LA PROPRIÉTAIRE

Virginie, 28 ans, célibataire, venait d'acquérir un deux-pièces de 45 m^2 environ dans le 15ème arrondissement de Paris. La porte d'entrée donnait directement sur le salon avec cuisine américaine et une belle cheminée en marbre noir. La chambre, quant à elle, était un peu plus spacieuse que la première pièce, et bénéficiait de placards. Ce logement sur cour, calme et très clair, avait été entièrement remis à neuf, et le parquet changé.

Cependant, avec sa superficie limitée et l'absence de double exposition, son appartement faisait à Virginie l'effet d'une boîte blanche… En outre, le mobilier était on ne peut plus simple : canapé futon premier prix, chaises pliantes et table ronde dans le salon, lit avec sommier rudimentaire dans la chambre, sans compter les cartons de déménagement pas encore déballés.

Responsable marketing dans un grand groupe de distribution, Virginie n'avait pas le temps de se consacrer à la décoration de son appartement, c'est pourquoi elle a fait appel à mes services. Toutefois, elle avait des idées assez précises sur le mobilier et les luminaires. Surtout, elle voulait de la couleur – un peu l'inverse du cahier des charges d'Helena (voir p. 64 « Un appartement où je me sentirai bien toute seule ou à deux »). Elle avait accepté de se prêter au jeu du relooking : elle me confiait son appartement quinze jours et je me chargeais de le faire repeindre et de le réaménager ; par la même occasion, elle voulait bien être filmée pour l'émission *Intérieurs* diffusée sur Paris Première. Même si Virginie aimait les surprises, l'expérience n'allait pas sans risques, car nous n'allions pas refaire les peintures si mes choix ne lui plaisaient pas ! Certes, la jeune femme me laissait carte blanche, mais avec deux précisions cependant : elle adorait l'aubergine, mais détestait le vert…

CÔTÉ SALON : AUBERGINE ET VERT GÉNIE

Mettre de la couleur sur ses murs est un parti pris qui peut s'avérer débordant d'énergie. Mais dans un petit espace fermé, une couleur unique ne peut que s'ennuyer, elle finit par s'y morfondre et se ratatiner sur elle-même, en étouffant au passage les habitants du logis. Aussi je m'étais fixé comme principe pour cet appartement très carré d'y installer la bichromie, mais pas seulement en disposant deux couleurs côte à côte : il était en effet nécessaire qu'elles dialoguent entre elles pour que l'ensemble fonctionne.

Partant des goûts de Virginie, il m'a paru évident dès le départ de poser de l'aubergine dans le salon, sachant qu'elle y passerait plus de temps que dans sa chambre. Le problème avec l'aubergine, c'est qu'elle est un peu comme une princesse : difficile à marier, un mauvais choix de fiançailles risque de la plonger dans un hiver éternel. Souvenez-vous de cette mode de l'aubergine qui sévissait il y a quelques années, en particulier dans les restaurants : l'hiver, on se sentait bien dans une ambiance chaleureuse… mais l'été, on n'avait qu'une envie, c'était d'en sortir ! Or, Virginie voulait tout sauf une atmosphère pesante, surtout en rentrant le soir chez

> Dans un petit espace fermé, une couleur unique ne peut que s' ennuyer, elle finit par s'y morfondre et se ratatiner sur elle-même, en étouffant au passage les habitants du logis.

elle après une journée pas toujours drôle. Et je me voyais mal lui proposer de refaire les murs en fonction des saisons, comme au temps de Marie-Antoinette.

Pour réveiller l'aubergine, cette belle endormie, j'ai fait plusieurs essais et trouvé la couleur idéale. Le seul hic, c'était du vert ! Mais pas n'importe quel vert : un vert clair, acidulé et printanier, avec de la lumière et du peps, bref... un « vert génie ». Par sécurité, j'ai prévenu Virginie que je ne respecterai pas son veto, et au vu de l'accord entre les teintes du nuancier (Dulux Valentine), elle a accepté de continuer à prendre le risque, même si elle ne disposait pas de suffisamment d'éléments pour visualiser le résultat.

Ensuite, j'ai affecté une couleur à chaque partie du salon. L'aubergine me paraissait convenir particulièrement au mur situé face à l'entrée, où était installé le canapé futon : le coin cosy, en quelque sorte. Le vert, quant à lui, se plaçait avec bonheur aux deux extrémités de la pièce : côté cuisine et côté cheminée, ce qui donne tout son rythme à la pièce. Côté cuisine, le vert permettait de casser la double barre de la cuisine US et de donner vie à la configuration basique de la kitchenette étudiante. Côté cheminée, près de la fenêtre, il intensifiait la lumière et illuminait l'espace.

Angles décalés, murs tachetés ou zébrés… : rock the wall !

Pour animer les pans de couleurs et leur donner de l'originalité, j'ai appliqué deux techniques différentes.

La première technique consiste à décaler les angles autour du mur peint. Au lieu de faire peindre exactement la cloison d'angle encadrant la cheminée, j'ai demandé au peintre de faire déborder le vert sur les cloisons attenantes. Cela donnait plus d'ampleur à la cheminée, qui paraissait dès lors plus grande, et mettait ainsi mieux en valeur le marbre noir, d'autant que l'intérieur de la cheminée était également peint en vert.

La seconde technique était de prolonger les aplats de peinture par des bandes verticales de 50 cm de large, peintes au pochoir dans la même couleur, sur fond blanc. J'ai utilisé à cet effet des pochoirs contemporains trouvés à la boutique Mise en teinte, qui les édite. Pour le vert, j'ai choisi un motif tacheté léopard, qui prolonge l'encadrement de la cheminée et crée une transition d'une grande fraîcheur avec le mur de la porte d'entrée, conservé en blanc. Pour l'aubergine, j'ai opté pour un motif zèbre, qui crée une rupture nécessaire et très graphique au-dessus du canapé futon. À noter que les deux bandes peintes au pochoir se font presque face et se répondent : le dialogue entre les deux couleurs est ainsi complet. Et ça « rock » !

PIERRE ALIVON

Enseignant de formation, Pierre Alivon se tourne vers les arts graphiques et visuels. Artiste photographe, il travaille tout d'abord pour des annonceurs mais, très vite, son sens artistique et son intérêt pour les nouvelles technologies lui permettent de multiplier les expositions. Pour des associations dans un premier temps puis pour les boutiques Bô.

Créateur passionné inspiré du « Pop Art », il s'affirme comme un véritable capteur d'émotions, notamment en photographiant le monde urbain. Artiste accompli, il confectionne à partir de ses clichés des tentures, des coussins et des tableaux en série limitée.

Question mobilier et accessoires, l'aménagement du salon prolonge le travail de peinture, avec des éléments assez simples. Le canapé ne pouvant être changé pour des raisons de budget, nous l'avons recouvert d'un grand tissu noir, et de coussins aubergine.

Surtout, il ne paraissait pas possible dans cet espace d'avoir à la fois un coin salon et une table pour dîner. J'ai donc convaincu Virginie d'abandonner sa table ronde et ses chaises pliantes, pour une configuration plus proche du sol : en complément du canapé, une grande table basse (Ikea) où l'on peut poser des assiettes. Ce n'est de toute façon pas un appartement où l'on peut recevoir plus de quatre personnes. Le bar de la cuisine US peut d'ailleurs également faire office de table pour deux couverts.

Par ailleurs, un meuble bas blanc (Habitat), d'un design simple, apporte de la place pour le rangement, sans modifier ce nouveau centre de gravité autour de la table basse, et sans masquer la peinture au pochoir. Les tables basses gigognes noires en acrylique, qui étaient dans la chambre, s'intégraient parfaitement dans ce nouveau contexte.

Enfin, sur la cheminée, le miroir qu'il était initialement prévu de poser a été remplacé par une photographie imprimée sur support métallique (création de Pierre Alivon), qui personnalise encore davantage la pièce.

CÔTÉ CHAMBRE : ROUGE CHINOIS ET ROSE DE PRINTEMPS

Dans la chambre, j'ai imaginé un univers plus féminin, d'inspiration légèrement chinoise, à partir de la guirlande murale en forme de branche de cerisier, créée par les designers Tsé-Tsé et éditée par Habitat, que Virginie avait déjà accrochée à droite de son lit.

J'avais déjà comme indication que Virginie aimait beaucoup le rouge, qui venait en deuxième position dans son palmarès, après l'aubergine. Mais selon les mêmes principes que ceux évoqués plus haut, je ne pouvais pas faire une chambre entièrement rouge. La guirlande murale m'a donné l'idée du rose, que j'ai affinée avec une recherche dans mon nuancier. Précisons tout de suite que Virginie n'appréciait pas beaucoup plus le rose que le vert... Mais le rose que j'ai choisi, très printanier également, adoucit considérablement le rouge, ce qui est particulièrement important dans un espace dédié au repos.

Encore plus que le salon, la chambre était construite sur le modèle d'une boîte. L'alternance entre les deux couleurs permettait de lui donner du rythme. Mais je ne voulais en

Dans la chambre, j'ai imaginé un univers plus féminin, d'inspiration légèrement chinoise...

aucun cas tenir compte du décrochement situé derrière le lit, des moulures, des deux portes (celle donnant sur le salon, celle donnant sur la salle de bains) et des deux placards (dont un avec une double porte). En effet, en changeant la couleur à chaque « accident » de la pièce, cela aurait eu tendance à densifier exagérément et inutilement l'habillage mural, au risque d'en donner mal à la tête compte tenu de la surface. Mon objectif était au contraire d'agrandir visuellement la chambre ce qui permettait là d'utiliser à grande échelle ma technique consistant à décaler les angles, que j'ai appliquée à trois des quatre coins de la pièce, de manière systématique et de ce fait assez audacieuse. Le résultat est surprenant, déroutant et pourtant extrêmement agréable à vivre au jour le jour, avec une vraie respiration, quel que soit le point d'où l'on regarde.

En attendant l'arrivée du prince charmant...

Comme dans le salon, la technique du pochoir pouvait apporter une valeur ajoutée supplémentaire, surtout pour la partie rouge derrière le lit, située dans l'axe de vue en entrant, et qu'il me paraissait important d'alléger. Mais là, je n'ai pas employé des pochoirs à utiliser sur fond blanc. Car j'avais dans l'idée de faire appel à un « outsider » dans le dialogue entre le rouge et le rose, à savoir le noir brillant. D'une part, celui-ci, à petite dose, complétait la référence chinoise – mais il fallait bien sûr éviter de tomber dans la « chinoiserie ». En outre, le noir pouvait soutenir l'ambiance feutrée et sexy souhaitée pour cette pièce, particulièrement de bon ton dans la chambre d'une jeune et jolie célibataire de moins de trente ans... J'ai donc choisi, toujours chez Mise en teinte, plusieurs pochoirs à

peindre en noir sur le rouge : une constellation d'étoiles au-dessus du lit, et sur son côté droit, face à la guirlande Tsé-Tsé, un motif floral ainsi qu'une petite pointe d'humour, sous la forme d'une petite grenouille (en attendant l'arrivée du prince charmant !). Au final, l'ensemble est très poétique, non sans référence à une chambre d'enfant mais sur un mode moins asexué et surtout pas mièvre.

Dans le prolongement de cette scénographie, j'ai opté pour une accessoirisation comportant du noir : dessus de lit noir à fleurs argentées, et lampe à encadrement noir, pied rouge et motifs chinois, créée par Hervé Matejewski. Ce modèle, que j'aime beaucoup, détourne un dessin traditionnel représentant une femme parée de tous ses atours et nous raconte une histoire... de princesse.

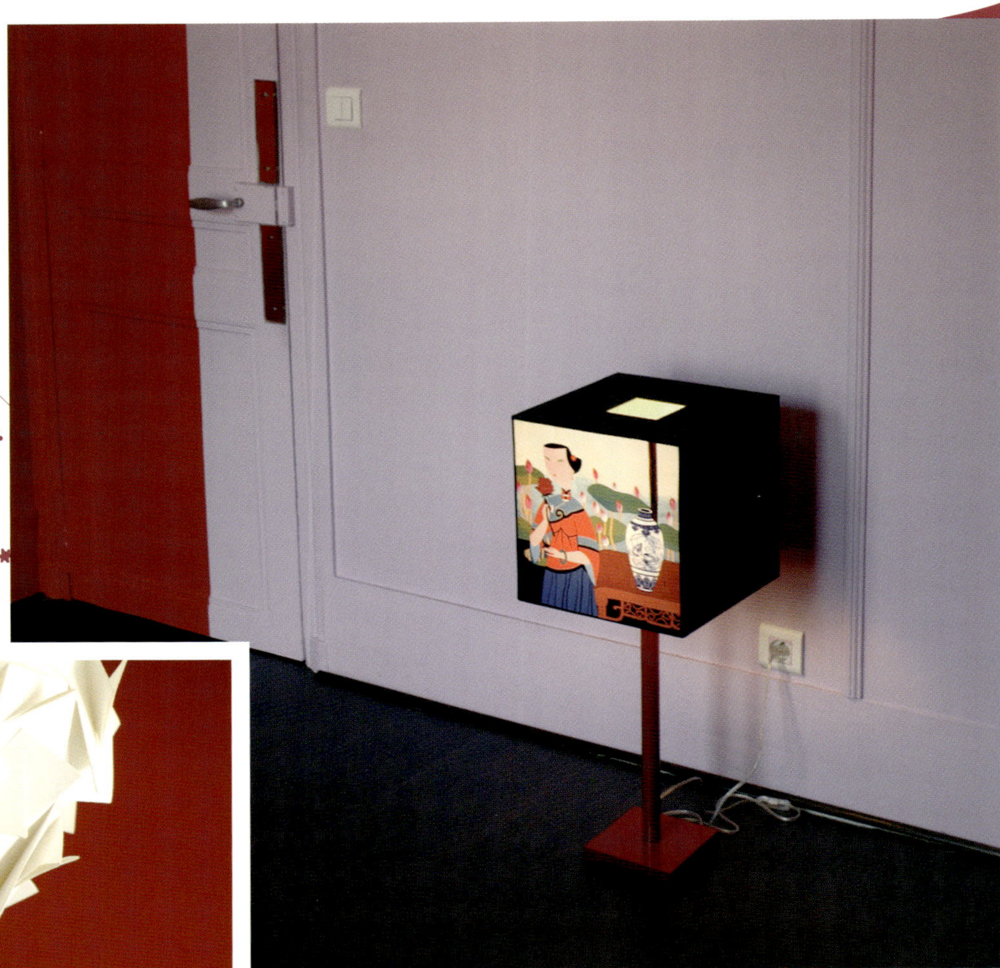

En lien avec les étoiles noires, nous avons sélectionné une suspension graphique et inédite, qui projette sur les murs une réflexion en forme d'étoiles. Ce modèle Aperture édité par Habitat a été inspiré par des boîtes de chocolat (on peut ouvrir et fermer chacune des boîtes...).
Enfin, deux éléments de mobilier déjà préexistants à la transformation de la chambre sont venus compléter ce décor : un guéridon rouge en plexiglas et un bureau (La Redoute) peint en rose par Virginie – du même rose que celui au mur, ce rose qui, espérons-le, lui apportera l'amour éternel !

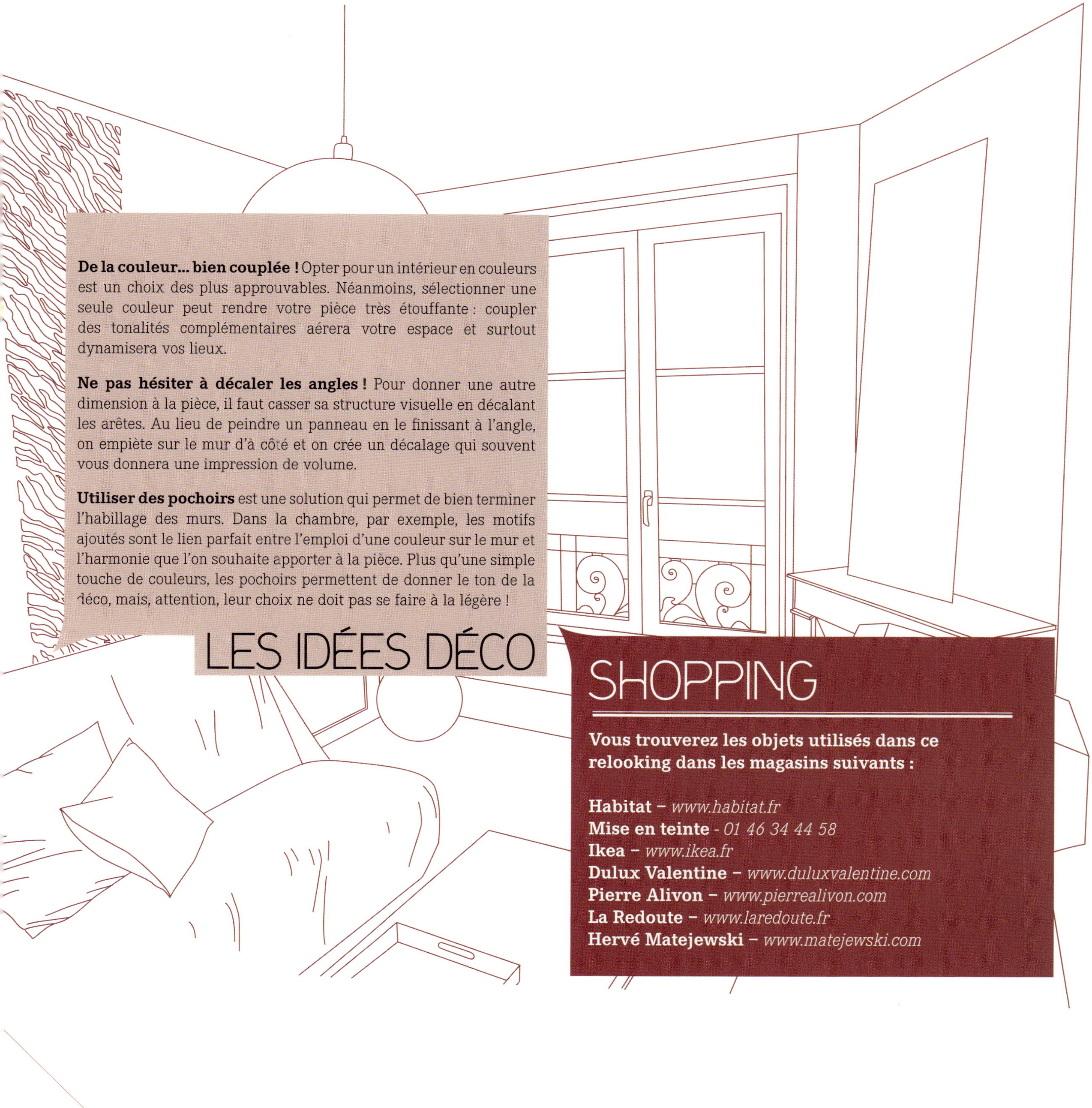

LES IDÉES DÉCO

De la couleur... bien couplée ! Opter pour un intérieur en couleurs est un choix des plus approuvables. Néanmoins, sélectionner une seule couleur peut rendre votre pièce très étouffante : coupler des tonalités complémentaires aérera votre espace et surtout dynamisera vos lieux.

Ne pas hésiter à décaler les angles ! Pour donner une autre dimension à la pièce, il faut casser sa structure visuelle en décalant les arêtes. Au lieu de peindre un panneau en le finissant à l'angle, on empiète sur le mur d'à côté et on crée un décalage qui souvent vous donnera une impression de volume.

Utiliser des pochoirs est une solution qui permet de bien terminer l'habillage des murs. Dans la chambre, par exemple, les motifs ajoutés sont le lien parfait entre l'emploi d'une couleur sur le mur et l'harmonie que l'on souhaite apporter à la pièce. Plus qu'une simple touche de couleurs, les pochoirs permettent de donner le ton de la déco, mais, attention, leur choix ne doit pas se faire à la légère !

SHOPPING

Vous trouverez les objets utilisés dans ce relooking dans les magasins suivants :

Habitat – *www.habitat.fr*
Mise en teinte - *01 46 34 44 58*
Ikea – *www.ikea.fr*
Dulux Valentine – *www.duluxvalentine.com*
Pierre Alivon – *www.pierrealivon.com*
La Redoute – *www.laredoute.fr*
Hervé Matejewski – *www.matejewski.com*

04 Un appartement où je me sentirai bien toute seule... ou à deux

1 adulte 60 m^2 15 k€

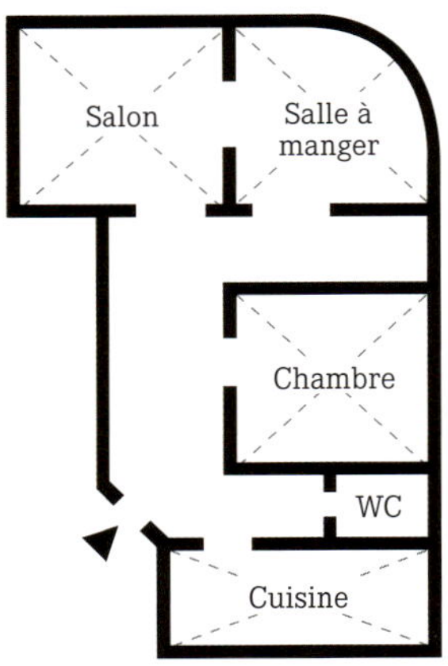

Après l'avoir longtemps utilisé comme lieu de travail, Helena souhaitait réinvestir son appartement, avec une préoccupation en tête : allait-il plaire à la personne qu'elle venait de rencontrer ?

GROS PLAN SUR LA PROPRIÉTAIRE

Helena, 32 ans, était propriétaire d'un trois-pièces situé à Lyon, sur la Presqu'île, dans un immeuble datant des années 1930, au troisième étage. Outre la chambre, l'appartement, bien disposé, comportait un séjour avec cheminée et une salle à manger d'égales dimensions, reliés par une grande porte vitrée à double battant. La salle à manger était de forme plus arrondie que le salon, car positionnée dans l'angle bombé de l'immeuble. Ces deux pièces étaient très claires, grâce à de grandes fenêtres apportant une lumière agréable. Le seul inconvénient était qu'elles donnaient sur un boulevard, avec le bruit et le vis-à-vis relatif que cette situation impliquait.

Helena avait créé son propre cabinet de consultant et travaillait beaucoup. Pendant longtemps, le bureau de sa société, qui employait plusieurs personnes, avait été installé tant bien que mal dans sa salle à manger. Ayant enfin pu louer des bureaux ailleurs, Helena voulait réinvestir son appartement et l'optimiser, car il semblait désormais à moitié vide. Quant au mobilier existant, il était sobre mais généralement noir et blanc, en un mot, un peu « tristoune ». En effet, la particularité d'Helena, c'est qu'elle n'aimait pas la couleur... Il me fallait donc relever ce défi – et quel défi !

En outre, au cours du processus de réaménagement, une autre préoccupation est apparue chez Helena, pouvant se traduire ainsi : la nouvelle décoration de mon appartement va-t-elle plaire à l'homme que je viens de rencontrer ?

Σ' ΑΓΑΠΩ
ΠΟΛΥ

> Qu'on le veuille ou non, notre maison est un prolongement de nous-même : alors, autant que ce soit pour en montrer le meilleur !

L'ENTRÉE : LE CŒUR & LA CIRCULATION

Lorsque l'entrée, comme chez Helena, est aussi corridor et dessert toutes les pièces de l'appartement, elle joue un rôle véritablement essentiel, tant pour l'accueil que pour la circulation. Aussi est-il important **qu'elle reflète la personnalité de l'habitant** (fonction accueil : le « cœur ») et **qu'elle génère l'énergie qui va irriguer tout l'appartement** (fonction circulation : le «flux sanguin»).

En l'occurrence, avant mon intervention, l'entrée ne montrait absolument rien. Ce n'était qu'un long couloir blanc avec en face de la porte d'entrée, un mur nu, et, à gauche et à droite, de grands placards aussi impersonnels que pratiques. Son seul avantage était son éclairage brillant, apporté par des spots encastrés au plafond.

J'ai proposé à Helena d'habiller le mur qui faisait face à la porte d'entrée. Comme elle ne voulait pas de couleur dans cette pièce, j'ai trouvé un autre procédé : du matiérage béton brut lissé. Grâce à l'éclairage des spots, cet habillage, réalisé par l'artiste Anne d'Autruche, n'assombrissait pas la pièce. Bien au contraire, cela donnait au mur de nombreux reflets très intéressants. Le matiérage béton brut doit toute sa force aux traces de spatule ; il est à la fois élégant et énergique (tout comme la propriétaire).

L'entrée comportait en outre deux types de placards : en entrant à gauche, de très jolis placards en bois peints en blanc, et à droite, des placards en stratifié blanc. Pour ces derniers, nous avons décidé de les faire disparaître en les peignant avec une peinture argentée. Ceci pour la fonction accueil (le cœur).

Pour la fonction circulation, il fallait **apporter du mouvement et quelques touches de couleur**. Aussi, j'ai eu l'idée de poser des tablettes en métal le long du mur en béton brut. Créées par Marie Thurnauer (édition Petites Productions), ces tablettes se déclinent dans différents coloris et différentes dimensions (longueur et largeur). On peut y mettre de petits objets, des livres, des cd, etc. Pour l'entrée d'Helena, j'ai choisi différents modèles : tout en haut, une tablette très fine et allongée, rose fuchsia, plus bas des tablettes moins grandes mais plus larges, blanches ou noires. L'idée était de reprendre la symbolique du trait d'union : relier une partie de l'appartement à l'autre. Cette disposition des tablettes induit également une impression de lignes en mouvement. Helena a été séduite par ce produit, et a su en tirer parti en l'habillant de livres, de photos et de petits cadres.

Sur la porte d'entrée, les portemanteaux ont été changés pour des patères plus contemporaines, également issues de la collection Petites Productions, prises dans les mêmes couleurs que les tablettes : noir, blanc et rose fuchsia.

LA PEINTURE SPÉCIALE ARDOISE

Cette peinture fonctionne comme un tableau noir et l'on peut y écrire dessus à la craie puis effacer. Helena pouvait ainsi s'en servir comme pense-bête pour ses courses. J'aime beaucoup cette peinture aux réminiscences d'école, que l'on peut utiliser de manière ludique dans différentes pièces (par exemple, également dans un bureau d'adulte ou dans une chambre d'enfant).

UNE PINCÉE DE COULEUR...

On verra que le rose est la couleur féminine que j'ai réussi à « extorquer » à Helena – mais à la condition de la marier (je parle de la couleur) avec des teintes beaucoup plus sobres et discrètes. Le tempérament de la jeune femme est un peu comme le feu sous la glace, ou mieux, le printemps qui émerge sous l'hiver. Cette ambivalence se retrouve dans les choix que nous avons faits ensemble. Les tonalités plus masculines étaient de nature à la rassurer, surtout au regard de sa situation sentimentale, alors qu'une omniprésence du féminin lui aurait donné le sentiment d'exclure celui qu'elle venait de rencontrer chaque fois qu'il séjournait chez elle...

En me lisant, peut-être penserez-vous que j'ai dépassé ici mon rôle de décorateur pour le troquer contre celui de psy ! Rassurez-vous, je n'ai aucunement cette prétention. Mais le coaching déco suppose un minimum de psychologie, dans la mesure où mon intervention touche à la sphère intime de mes clients.

Au départ, la cuisine était exclue du champ de mon intervention. Mais, dans la mesure où elle est aussi un point de passage important au quotidien, il me semblait difficile de la laisser dans un blanc clinique. J'ai réussi à convaincre Helena de la repeindre tout en rose, en ne modifiant pas cependant le mobilier blanc initial. Pour équilibrer le rose avec une touche plus dure, un carré a été ajouté près de la porte, peint avec de la peinture spéciale ardoise.

LA RAYURE : LIER DEUX PIÈCES EN STRUCTURANT LEUR ESPACE

Une bande horizontale faisant le tour du salon et une bande verticale dans la salle à manger, finissant sur le mur opposé, créent un lien entre ces deux pièces.
Large de 8 cm, elles permettent de donner un fil conducteur visuel et, par ailleurs, de structurer l'espace en délimitant le coin bureau.

Suivre le fil conducteur

En fait, j'ai découvert qu'Helena aimait le rose, et en particulier le rose fuchsia grâce à une affiche de théâtre polonaise qu'elle avait encadrée mais qu'elle n'avait jamais mise en valeur. Elle était posée à même le sol contre un mur dans son salon, presque cachée derrière le meuble TV. Cette affiche à fond monochrome entièrement rose fuchsia représente une chaussure de femme beige, abandonnée par terre. La trouvant très belle (vraiment très belle), j'ai proposé à Helena de faire de la couleur rose fuchsia exacte du tableau un fil conducteur pour tout le réaménagement. L'emplacement du tableau resterait à déterminer à la fin des travaux. Nous avons vu déjà le rôle dynamisant du fuchsia dans l'entrée. Dans le salon et la salle à manger, il devient l'élément central de relation entre les deux pièces : j'ai en effet eu l'idée de créer un lien entre celles-ci par **une rayure de peinture rose fuchsia, qui a aussi pour fonction de fermer et structurer l'espace** de manière protectrice.

Dans le salon, la bande part de chaque côté du conduit de cheminée, et fait le tour de la pièce horizontalement, en encadrant la porte intérieure à double battant vitrée qui donne sur la salle à manger. La position exacte de la bande a été fixée dans le prolongement d e la partie haute du chambranle des portes de la pièce. On retrouve une bande de même dimension dans la salle à manger, mais cette fois-ci elle remonte verticalement, passe par le plafond puis redescend sur le mur opposé.

La gamme des coloris se caractérise par des nuances raffinées - pour la plupart pastelles, détrempées ou vieillies. Elles évoquent le charme des intérieurs bourgeois anglo-saxons.

Ce travail d'une grande précision a été bien évidemment réalisé par un peintre professionnel (ou plutôt une artiste peintre : Anne d'Autruche). Ce fil d'Ariane permet de jouer sur la proximité entre les deux pièces, tout en y créant deux atmosphères très différentes. La dialectique ainsi instaurée fonctionne dans les deux sens de lecture, si l'on peut dire, comme si les deux pièces étaient les pages ouvertes d'un livre.
Concernant l'univers du salon, j'ai souhaité mettre l'accent sur le mur principal, afin d'y valoriser la très belle cheminée au dessin années 1930, surplombée d'un miroir encastré dans le même style. Ce mur a donc été peint dans un très beau vert s'accordant bien avec le fuchsia, dans une teinte créée par Farrow & Ball.

Les autres murs du salon ont été également peints dans une teinte Farrow & Ball, plus en retrait mais s'accordant également avec le fuchsia, un gris-vert pâle. L'ensemble s'harmonise dans une ambiance apaisante, qui rehausse le mobilier déjà existant : méridienne et fauteuil à l'armature carrée en bois foncé et aux assises blanches, tables gigognes en bois foncé. Leur caractère épuré a ainsi trouvé toute sa cohérence dans ce nouveau décor.

Mais le changement le plus spectaculaire dans le salon est bien évidemment la suspension, qui est venue remplacer un plafonnier très spartiate. Le modèle choisi a été créé par le designer Ingo Maurer et s'intitule Zettle'z 5 (Har Design). Autour de la lampe, un squelette en acier supporte une multitude de feuilles de papier japon, accrochées par de petites pinces, sur lesquelles textes et dessins ont été inscrits dans de nombreuses langues, chacun racontant par lui-même une histoire. Cette suspension raffinée et poétique convenait parfaitement à l'amoureuse du livre et de l'écrit qu'est Helena.

UN BUREAU SUR MESURE

Pour optimiser l'aménagement du bureau, une planche en bois, peinte dans le même coloris que le mur, a été fixée à 4 cm du bord pour le passage des câbles.
Pour un bon confort, la table sur laquelle on travaille doit faire au moins 50 cm de profondeur. Cet aménagement permet de créer un maximum de rangements pour dossier, papiers et autres documents... On peut ainsi insérer des meubles à tiroirs.

RESSOURCEMENT VÉGÉTAL...

Pour l'esprit...

Concernant l'univers de la salle à manger-bureau, l'effet que j'ai recherché se voulait plus doux, avec une atmosphère plus végétale.
Précisons tout d'abord que la pièce se retrouve de fait coupée en deux par la bande rose fuchsia passant par le plafond : cette conséquence était tout à fait volontaire, puisqu'elle permet d'isoler symboliquement la partie bureau, située le long du mur le plus proche de l'entrée. C'était déjà l'emplacement du bureau personnel d'Helena après le déménagement de sa société. Il était fait initialement d'un ensemble assez hétéroclite, mélangeant une petite table blanche aux pieds stylisés, une petite bibliothèque, un meuble à tiroir, un meuble supportant une photocopieuse... et des dossiers posés à même le sol. J'ai tout d'abord proposé de changer une des bibliothèques de place, car elle pouvait sans problème aller dans la partie salle à manger, près de la porte vitrée donnant sur le salon. • • •

Mais je n'avais pas encore trouvé de solution pour toute une masse de livres empilés partout ! J'ai donc proposé d'utiliser un renfoncement dans l'entrée, juste en face de l'accès au double séjour, afin d'y installer une étagère en métal blanc, toujours dans l'esprit des tablettes Petites Productions. Il s'agit d'une étagère modulable qui se fixe au mur par seulement deux points d'accroche (modèle Influence édité par Habitat).

Ensuite, Helena a accepté de se débarrasser de sa petite table, pour la changer contre un plateau de bois supporté par des équerres, et peint dans la même couleur que le mur. Ce bureau beaucoup plus épuré présente également l'avantage, par sa dimension, d'offrir plus de place pour organiser les différents éléments indispensables, en particulier le rangement des documents. Meubles à tiroirs et porte-dossiers s'y intègrent très facilement en dessous ; j'ai obtenu également de haute lutte que la photocopieuse réintègre les locaux du cabinet de consultant, pour permettre une vraie respiration de cet espace. Le dessus du bureau reste ainsi peu chargé, ce qui facilite le travail et perturbe moins la vue le reste du temps. Une tablette blanche du même type que dans l'entrée (Petites Productions) a été fixée au mur, afin de pouvoir poser des petits objets ou des images stimulantes pour la réflexion. Enfin, deux jolies lampes complémentaires à motifs végétaux qui étaient initialement sur la cheminée du salon m'ont paru mieux convenir à cet emplacement.

... et pour le corps

Devant la troisième fenêtre, qu'Helena conservait toujours avec les volets fermés pour éviter les regards indiscrets d'un voisin « curieux », j'ai installé un panneau Poly-Art : panneau qui filtre la lumière en protégeant du vis-à-vis grâce à la photo que l'on souhaite.
En l'occurrence, la photo végétale choisie, très aérée, crée un écran avec la rue et le vis-à-vis des immeubles d'en face, tout en permettant de profiter pleinement du bel ensoleillement dû à l'orientation ouest. Des rideaux, même des voilages, auraient eu au contraire tendance à enfermer la pièce, ce qui aurait nui à l'ensemble, en particulier pendant les repas ou le travail.

La modernité est également apportée par la table ronde en verre, à pied central métallique (modèle diffusé par Conran Shop), qui complète l'impression de transparence et de légèreté souhaitée pour cette pièce. Elle permet de recevoir jusqu'à six personnes.
Pour des raisons de budget, les chaises et le fauteuil en rotin ne pouvaient être changés. Cependant, ils se mariaient bien avec cette nouvelle atmosphère de la salle à manger ; l'une des chaises pouvait aussi servir d'assise pour le bureau.

Enfin, à la place de la suspension initiale que je ne saurais décrire que par l'adjectif «tragique», j'ai poursuivi dans la note végétale avec la suspension argentée Garland (éditée par Habitat), création du designer Tord Boontje (voir photo p.69). Il s'agit à la base d'une guirlande métallique que l'on entoure autour de l'ampoule. J'aime beaucoup ce produit qui fait un joli pendant à la suspension d'Ingo Maurer, alors qu'il est bien moins cher...

LE POLY-ART

C'est un produit que j'ai conçu pour servir d'alternative au rideau et filtrer la lumière. Ici son rôle est surtout de protéger du vis-à-vis tout en faisant entrer le plus possible de lumière. Son matériau de base est le polypropylène alvéolaire, initialement utilisé pour couvrir les vérandas. Placé devant une fenêtre ou une source lumineuse, il met en valeur la photo qui y est imprimée grâce à un procédé des plus actuels – et surtout au numérique, qui permet d'utiliser la photo de son choix.

LES IDÉES DÉCO

Utiliser de la couleur, en partant d'un élément qui servira de fil conducteur. Par exemple, ici nous sommes partis d'une affiche.

Utiliser la matière béton pour habiller un mur peut être une alternative à la peinture.

Utiliser la peinture « tableau noir » pour sortir du Post-it ou du tableau blanc à feutres.

Structurer l'espace avec des bandes de couleur qui créent un fil conducteur et/ou séparent deux parties. Ici, la bande utilisée délimite le coin bureau et réutilisée dans le salon, elle est le fil conducteur entre les deux pièces.

Créer un bureau d'une planche suspendue par des équerres, de la même couleur que le mur.

Opter pour un panneau Poly-Art , un panneau pour filtrer la lumière qui vous permettra de vous couper du vis-à-vis sans renoncer à l'ensoleillement.

SHOPPING

Vous trouverez les objets cités dans ce relooking dans les magasins suivants :

Petites Productions – *www.petitesproductions.com*
Anne d'Autruche – *www.anne-dautruche.com*
Habitat – *www.habitat.net*
Conran Shop – *www.conranshop.fr*
Poly-Art – *www.poly-art.fr*
Har Design – *www.hardesign.fr*

ΠΟΛΥ

« La couleur fonctionne selon trois cycles »

Frédéric Rossi-Liégibel, directeur des stratégies chez Extrême Paris.

Extrême Paris est l'agence incontournable en « cosmétique » tant dans les produits que dans la cosmétisation des choses – l'envie de rendre plus beau un produit. Elle est présente sur le marché de la couleur depuis 25 ans. Elle possède un atelier couleur intégré et recherche constamment de nouvelles typologies dans le domaine afin de « repenser » la couleur en mettant en jeu les émotions que chaque coloris suscite. Abandonnée par les professionnels du design, la couleur revient aujourd'hui au cœur de la réflexion prospective du métier.

Est-ce qu'il y a des grands principes sur la couleur ?

Oui, absolument. En fait la couleur repose sur deux grands principes. Le premier, sa naturalité. Elle est composée de pigments et de matière et mise en valeur par la lumière. Elle pré-existe à l'homme. L'autre grand principe logique est que cette couleur existe de façon sociétale. En Occident, on s'est d'abord basé sur le système newtonien de sept couleurs issues de l'arc-en-ciel. Aujourd'hui on serait plus sur un système indo-oriental qui serait composé de onze couleurs. L'Orient s'appuie sur un système de quatre couleurs principales, le rouge, le bleu, le vert, le jaune et sur deux non couleurs : le blanc et le noir. Mais, moi, ce qui m'intéresse, c'est la couleur dans son aspect primitif. C'est-à-dire quand elle s'exprime, de comprendre comment elle parle aux émotions. Et ça n'est pas qualifiable parce que chaque individu est globalement différent.

La couleur repose sur deux grands principes : sa naturalité (...) et son existence sociétale (...).

La première des grandes novations que

La couleur repose sur deux grands principes : sa naturalité (...) et son existence sociétale (...).

nous avons fait émerger est que la couleur fonctionne selon trois cycles. Un cycle long avec deux métacouleurs, le blanc et le noir qui fonctionnent chacune selon un cycle de 5 à 7 ans. Ce sont des cycles changeants qui se bousculent en permanence. En histoire de l'art, le blanc est la couleur du classique, car pour être signifié, il a besoin d'une ligne qui souligne son volume et qui crée sa limite. Le noir est la couleur du baroque, parce que pour le créer, il faut créer quelque chose autour du noir. Actuellement, on sort d'un cycle blanc et on va vers un cycle noir. Un cycle moyen que j'appelle cycle de tendance, qui dure en général un ou deux ans. Ce cycle moyen fonctionne sur une sorte d'envie sociétale, la sérénité, l'envie d'avoir un peu de bonheur dans la vie, la transparence... qui entraîne l'émergence de couleurs, un violet, un jaune, un rose... Enfin un cycle court qui est le cycle de la mode, qui dure en général six mois, et qui est lancé par les créateurs, les magazines, les cabinets de tendance. Et je fais une différence entre les trois cycles parce qu'aujourd'hui quand on parle de tendance on parle de mode et pas de vraie tendance. Or, pour nous, designers, la tendance, c'est ce qui va permettre une intervention plus longue.

Il n'y a pas de bonnes ou de mauvaises couleurs; il y a juste des couleurs qui renvoient à qui l'on est, et à l'émotion éprouvée.

Qu'est-ce que la couleur peut apporter dans nos intérieurs ?

Une fonction «miroir» qui est extrêmement importante. Aujourd'hui, ce qui apparaît de façon très forte c'est que les gens souhaitent quelque chose qui soit «à la carte». Chacun souhaite que l'objet qu'il achète donne le sentiment d'avoir été fait pour lui. La fonction miroir réunit trois éléments. Une fonction d'individualisation, le fameux «ça me ressemble». Je regarde un objet, je regarde une couleur et j'ai le sentiment que cet objet ou cette couleur me ressemble. C'est d'autant plus fort pour une couleur que la palette est quasiment infinie. Ensuite une fonction à la carte: le «je veux que ce soit fait pour moi» et enfin une fonction de sexualisation, le «je veux que ça me ressemble en tant qu'être sexué». Si la couleur ne répond pas à ça, on est automatiquement en dysphorie. Alors que l'on est en empathie quand la couleur renvoie à ces trois choses-là. C'est aussi pour ça qu'il n'y a pas de bonnes ou de mauvaises couleurs ; il y a juste des couleurs qui renvoient à cette fonction miroir, à qui l'on est, et à l'émotion éprouvée. On est ici purement sur le registre de l'émotion.

Avant, il était hors de question que certains rapprochements de couleurs se fassent. Aujourd'hui, il n'y a plus aucun interdit.

La couleur est-elle travaillée différemment aujourd'hui ?

Oui, je pense qu'on est dans quelque chose de beaucoup plus subtil. On se permet des choses. Avant, il était hors de question que certains rapprochements de couleurs se fassent. Aujourd'hui, il n'y a plus aucun interdit. Ainsi, il y avait des couleurs comme le noir ou le violet, qui symbolisaient la transgression et l'interdit, et qui maintenant ne sont plus du tout connotées dans ce registre-là. Toutefois, il reste une couleur qui est considérée comme difficile et qui pose encore problème, c'est le jaune. Le jaune reste la couleur de la stigmatisation, de l'ostracisme. Mais je pense que dans un ou deux ans, cette couleur va apparaître majoritairement sur le marché par le biais de l'automobile.

Si l'automobile ne s'y est pas encore engouffrée, c'est parce que toutes les couleurs utilisées sont à base d'eau et que le jaune ne restait pas jaune. Visiblement elle a réussi à régler ce problème. Alors dès que l'automobile va se lancer avec cette couleur, tout le monde va s'y engouffrer fortement. C'est la dernière couleur qui reste à faire émerger. Et à part elle, toutes sont revenues cycliquement. Il y a des couleurs qui étrangement se sont transformées. Par exemple le vert, qui a longtemps été associé à la nature et à l'écologie, ne l'est plus aujourd'hui.

05 Un appartement où je ne me sens pas enfermée !

2 adultes 50 m² 12 k€

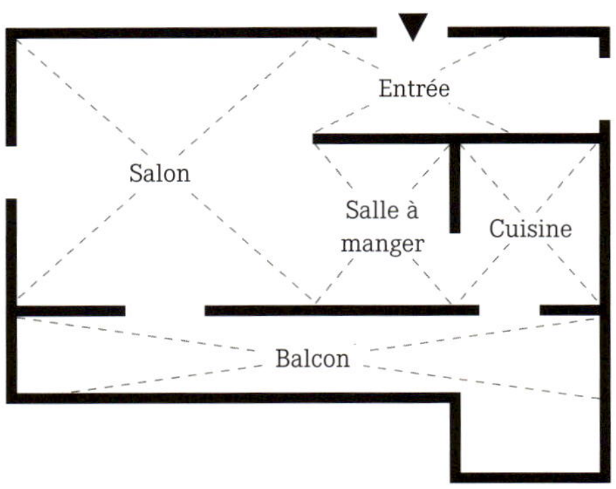

L'ESPACE À REDÉCORER EST COMPOSÉ DE L'ENTRÉE ET DU GRAND SÉJOUR. UNE DOUBLE PORTE VITRÉE SÉPARE L'ENTRÉE DU SALON. UN GRAND BALCON OCCUPE TOUTE LA LONGUEUR DE CELUI-CI.

GROS PLAN SUR LES PROPRIÉTAIRES

Annie et Yves venaient d'emménager depuis un peu plus d'un an au sein d'une résidence neuve, à Bordeaux dans un appartement situé au premier étage. Celui-ci donnait sur une vaste cour intérieure carrée avec jardin, entourée de tous côtés par de hautes façades avec balcon. Le choix de cette habitation s'appuyait sur des raisons précises : en effet, Annie étant en fauteuil roulant , il lui fallait un accès adapté à sa situation – large ascenseur, étage de préférence peu élevé, circulations spacieuses facilitant le déplacement. L'appartement de 70 m² comportait notamment un confortable salon-salle à manger, auquel on accédait directement depuis l'entrée via une porte vitrée, laissée le plus souvent ouverte. La partie salle à manger était séparée de la cuisine par une cloison, et reliée à elle par un passage sans porte. L'ensemble salon-salle à manger était augmenté par un balcon de grandes dimensions tant en longueur qu'en largeur, avec vue sur le jardin et sur l'entrée de l'immeuble. Tous les murs étaient blancs, et le parquet en bois clair. Quant au mobilier d'Annie et Yves, celui-ci n'avait pas évolué depuis leur précédent logement, ils avaient simplement posé leurs meubles.

Même dans cet immeuble de standing, on retrouvait là les inconvénients classiques des immeubles neufs, où le mot «rentabilité» semble souvent gravé sous les peintures fraîches.

UN PEU DE MAGIE, S'IL VOUS PLAÎT !

Annie passant beaucoup de temps chez elle, elle ne supportait pas de se sentir enfermée toute la journée entre quatre murs. Outre des problèmes résiduels de mobilité dans l'espace avec son fauteuil, ce nouvel appartement ne la satisfaisait pas complètement, de par son manque de double exposition et sa luminosité plutôt moyenne, aussi de par son plafond de hauteur standard et ses portes de série... Bref, une atmosphère fonctionnelle, mais sans grand charme ni chaleur. Quant à la vue sur le jardin depuis le balcon, elle demeurait fermée par les façades alentour, sans parler de la végétation peu fleurie en hiver, du vis-à-vis, et du fait que toute personne entrant dans l'immeuble avait une vision directe sur leur appartement !

Avec de telles données de départ, il va sans dire que j'étais très attendu le jour de mon premier rendez-vous avec Annie et Yves. Mais n'étant pas spécialisé en magie, je ne pouvais que leur garantir mon temps de réflexion et de travail pour tenter d'opérer une véritable transfiguration du lieu.

Pour couronner le tout, une de leurs amies peintre leur avait offert pour leur salon un grand tableau représentant un coucher de soleil sur mer, dont le style n'était pas sans rappeler celui de Turner. Ce n'était pas un cadeau empoisonné, dans la mesure où il pouvait créer littéralement une deuxième fenêtre ; mais il générait une contrainte supplémentaire, car il fallait trouver les bonnes conditions de dialogue entre la pièce et l'œuvre, afin que celle-ci pût prendre tout son relief.

AMÉNAGER L'ESPACE

Pour un gain de place mais aussi une meilleure circulation dans la pièce, quelques mouvements ont été réalisés : à droite de la baie vitrée, la télévision et son meuble support ont pu être davantage poussés dans l'angle, grâce au déplacement du radiateur initialement situé juste derrière. En outre, la petite commode rectangulaire plaquée bois a été retirée du salon, et les propriétaires ne l'ont pas conservée.

POUR L'ENTRÉE ET LE SALON : RESPIRATION, LUMIÈRE, COULEUR, CONVIVIALITÉ

Tels ont été les maîtres mots du projet de transformation de la partie salon.

Respiration

Elle était apportée en premier lieu par l'enlèvement de la porte vitrée à double battant entre l'entrée et le salon. Le haut de la porte a été également raccourci, afin de ne **maintenir qu'une séparation très légère entre les deux pièces**. Le passage entre le salon et l'entrée s'en trouvait dès lors agrandi visuellement et fluidifié.

Lumière

À l'imposant halogène diffusant une lumière qui écrasait la pièce par le haut, j'ai substitué trois appliques d'angle en plâtre à double éclairage (dessus et dessous) trouvées à l'Atelier Sedap (spécialisé en décorations et luminaires en plâtre). Peintes en blanc, ces appliques d'angle de forme arrondie créent une colonne de lumière harmonieuse et originale, d'une grande légèreté, dont la luminosité est tout à fait comparable, voire supérieure, à celle de l'halogène, car mieux répartie.

Couleur et convivialité

Cette équation s'appuie ici principalement sur le changement du canapé. Au départ, nous avions un canapé bleu roi avachi et informe, qui jurait avec le tableau. Aussi j'ai multiplié par deux le canapé en prenant un petit modèle, très reposant à l'œil avec son accoudoir plus bas d'un côté ; il s'agit du canapé compact Lofa créé par Andrew Davies et édité par Habitat. Nous pouvions choisir la place de l'accoudoir d'un côté ou de l'autre, ce qui a permis de créer une symétrie entre les deux modules positionnés dans l'angle, autour de la colonne d'appliques.

Surtout, la couleur rouge du tissu a constitué un « choc » salutaire pour la pièce : elle l'a réveillée, en lui conférant énergie et dynamisme ; elle l'a structurée, en soulignant les lignes des canapés ; enfin, elle a instauré une réelle harmonie avec le tableau, en rehaussant le coucher de soleil, ainsi que la brume bleutée et les arbres d'aspect féerique qui l'entourent. Le tableau a été fixé de manière volontairement centrée par rapport au mur et décentrée par rapport aux deux canapés de façon à étendre le coin salon. À noter que le rouge était une couleur qu'Annie aimait beaucoup mais elle ne savait pas jusque-là comment l'utiliser dans son intérieur.

Les trois tables basses en verre (set de salon Tr-easy édité par Quidnimis) que j'ai proposées n'altéraient en rien cette nouvelle configuration, grâce à leur transparence et à la douceur de leur courbe.

LA COULEUR : STRUCTURE ET TRANSITION

La porte donnant sur la chambre, peinte en violet-mauve, a permis d'habiller le mur et de créer une transition visuelle avec le reste de la pièce, en reprenant la teinte principale définie pour la salle à manger (voir pages suivantes), ce qui conforte l'unité de l'ensemble.

Le salon manquait d'une table basse : mon choix s'est porté sur ces **tables gigognes, mobilier facilement déplaçable au gré des envies**. Maintenant, quand vous regardez ce salon, vous y voyez une disposition harmonieuse qui s'inscrit parfaitement dans la structure de la pièce. Mais Annie, quant à elle, y voit surtout un véritable espace convivial, qui lui permet de s'intégrer à la discussion sans que les autres aient à déplacer des objets ou à s'adapter.

Une touche de couleur supplémentaire...

Deux points de couleurs sont en effet venus compléter la structuration du salon.
D'une part, la porte de la chambre a été peinte en violet-mauve pour créer une transition. D'autre part, la suspension accrochée dans l'entrée (en remplacement d'une ampoule nue !), est un vrai festival de couleurs. Ce modèle créé par Gilles Dallière et édité par Forestier est constitué d'une sphère en fil de fer (inspirée des topiaires que l'on utilise pour le lierre dans les jardins), décorée de pampilles de plexiglas multicolores, dont les différentes formes évoquent celles des lustres en cristal classiques. En passant à travers les pampilles, la lumière de l'ampoule centrale projette les couleurs aux murs et au plafond, telles les diverses facettes d'un kaléidoscope géant. L'entrée a été ainsi non seulement annexée visuellement au salon par la suppression de la porte vitrée, mais encore sublimée par ce nouvel éclat, tout à fait inattendu quand on entre pour la première fois dans l'appartement – à en faire pousser des « oh ! » et des « ah ! » d'admiration !

Par cette simple suspension, j'ai redonné son vrai rôle à l'entrée, qui est de marquer un temps d'arrêt avant de déambuler dans l'appartement.

ANNE D'AUTRUCHE

Peintre décoratrice, Anne d'Autruche vit et travaille à Paris. Elle oriente notamment son travail sur la création de couleurs et de matières. Du mortier béton naturel teinté à la chaux ferrée, en passant par le métal froissé, la feuille d'argent ou de cuivre, ou encore la patine colorée sur bois, aucune technique de traitement mural n'a de secret pour elle ! Elle intervient toujours sur mesure en fonction des demandes qui lui sont faites. Dans son atelier, elle conçoit également des pièces uniques et originales en séries limitées : paravents, dessertes, luminaires, bijoux, serre-livres, ou encore objets purement décoratifs, souvent en forme de globe ou d'œuf, qu'elle affectionne tout particulièrement (Autruche oblige).

POUR LA SALLE À MANGER : COULEUR, MATIÈRE ET PETITS «TRUCS» EN PLUS

Dans la partie salle à manger, une autre atmosphère a été recherchée, mais toujours à partir d'un tableau auquel tenaient les propriétaires : ici, la toile plus abstraite et cubiste accrochée au-dessus du buffet. Le violet-mauve choisi pour les deux parois encadrant la table à dîner vient d'un détail de ce tableau et le met particulièrement en valeur. Il me semblait aussi important d'établir un effet de matière pour donner davantage de vie à cet espace un peu confiné et à cet appartement moderne de conception aseptisée. C'est pourquoi j'ai fait appel à une artiste-peintre, Anne d'Autruche, spécialiste du matiérage, qui a réalisé un beau travail d'enduit en béton lissé, teinté dans la masse, avec une couleur créée sur mesure. Ces deux murs sont valorisés par l'éclairage de la lampe à poser avec pied en croûte de cuir et abat-jour en soie orange (modèle édité par Forestier), qui joue elle aussi sur un des coloris du tableau et confère un indéniable surcroît de chaleur à cet espace.

Dans ces conditions, il ne me semblait pas nécessaire de changer le mobilier en •••

Au final, sans avoir eu besoin de recourir à la magie, j'ai éprouvé une fierté certaine devant la satisfaction d'Annie et d'Yves, pour eux source de bonheur au quotidien.

••• placage bois (buffet, table et chaises), d'apparence peu originale mais malgré tout assez neutre, devenu beaucoup plus convivial avec cette nouvelle ambiance. Je n'ai donc pas poussé les propriétaires vers une solution plus design, qui risquait de sortir du budget convenu.

Les deux grandes baies vitrées, quant à elles, réclamaient un traitement spécifique, car elles relevaient autant de la salle à manger que du salon, et y exerçaient un fort pouvoir d'attraction. La couleur du mur et de l'encadrement des fenêtres est venue de l'idée de nature : **même si le balcon était garni de plantes en pots, il fallait conjurer la tristesse de l'hiver**, d'autant que le jardin était encore peu fourni. Aussi le choix de ce vert pastel s'est imposé comme une évidence, puisqu'il faisait entrer en toute saison la nature à l'intérieur.

En outre, il fallait pouvoir occulter les baies vitrées afin de protéger la pièce du vis-à-vis et du flux d'énergie trop présent issu du face-à-face avec le portail de la résidence. J'ai donc opté pour des **rideaux légers, fixés à deux câbles métalliques tendus au-dessus des vitres**. Le tissu vert transparent acheté au marché Saint-Pierre ne donne aucun sentiment d'étouffement une fois les voilages déployés. De plus il crée un lien vers la cuisine, où se termine la seconde baie vitrée, commune avec la partie salle à manger.

Question luminaire, comme dans la partie salon, j'ai remplacé un halogène par une applique murale en plâtre de forme arrondie, peinte en vert, fixée entre les deux baies vitrées (ici le modèle «bandeau compact» à double éclairage de l'Atelier Sedap suffisait pour créer une colonne de lumière au-dessus et en dessous). L'halogène était encore plus à proscrire à cet emplacement, car il bloquait le passage du fauteuil d'Annie.

Enfin, pour apporter des assises plus ludiques, j'ai proposé l'acquisition de trois tabourets créés par Philippe Starck (modèle Prince Aha édité par Kartell). Pensé comme un jeu de construction, ce tabouret en polypropylène coloré dans la masse, disponible en tons pastels, est composé de deux cônes unis dont la forme évoque celle d'un sablier. Il a le grand avantage de pouvoir se superposer : ici, les trois exemplaires achetés dans trois coloris différents (mauve, vert et blanc), en rappel direct avec les couleurs des murs, pouvaient être disposés en totem. Au jeu esthétique ainsi suscité s'ajoutait le gain de place, dont il est inutile de souligner combien il était essentiel.

LES IDÉES DÉCO

Remplacer les halogènes par des appliques murales en plâtre, à peindre de la même couleur que le mur : cela donne un caractère plus personnalisé et permet de dégager de l'espace au sol.

Poser des voilages avec un câble métallique de la même couleur que le mur encadrant une baie vitrée rendra votre installation plus discrète.

Structurer l'espace en ayant recours à la couleur. La peinture de la porte ici crée un lien entre le salon et la chambre attenante.

Mettre un luminaire très présent dans une entrée permet de l'habiller sans la surcharger.

SHOPPING

Vous trouverez les objets cités dans ce relooking dans les magasins suivants :

Forestier – *www.forestier.fr*
Habitat – *www.habitat.net*
Anne d'Autruche – *www.anne-dautruche.com*
Quidnimis – *www.quidnimis.com*
Atelier Sedap – *www.sedap.fr*
Kartell – *www.kartell.it*

06

Un espace pour toute notre famille

3 enfants 150 m² 9 k€

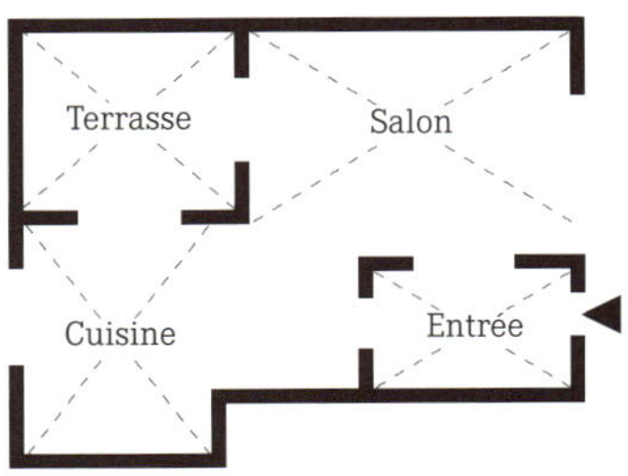

Les trois pièces à relooker sont attenantes. Elles ont été réunies à la suite de gros travaux et notamment grâce à l'extension réalisée pour la cuisine-salle à manger. L'entrée a été conservée car Cécile tenait particulièrement au maintien de cette fonction.

GROS PLAN SUR LES PROPRIÉTAIRES

Cécile et Benoît, 35 et 38 ans, habitaient depuis plusieurs années à Bois-Colombes. Ils y avaient d'abord vécu dans une petite maison sombre, où Cécile ne se sentait pas très bien, qu'ils avaient ensuite vendue pour acheter une grande maison avec jardin, sur trois niveaux. Ce besoin de plus d'espace, de plus de lumière et de plus de verdure coïncidait avec la naissance de leur troisième enfant. Lorsqu'ils ont fait appel à moi, ils arrivaient au bout d'un important chantier de rénovation de leur nouvel habitat. Bien que travaillant tous les deux beaucoup, Cécile et Benoît savaient s'organiser au mieux pour passer le plus de temps possible avec leurs enfants (une fille de 8 ans et deux garçons de 5 ans et 6 mois).

Cette nouvelle maison représentait une étape importante pour le bonheur familial, et ils souhaitaient mettre toutes les chances de leur côté pour en faire un lieu très agréable à vivre. Cependant, comme de nombreux jeunes propriétaires ayant un crédit à rembourser – et même si tous deux avaient une bonne situation – leur budget n'était pas extensible à l'infini. Le gros œuvre était achevé, la cuisine était déjà en place, mais il restait quelques «détails» à terminer, comme l'aménagement de la cuisine-salle à manger, de l'entrée, et surtout du salon... Le meilleur atout de cette rénovation était les grandes baies vitrées et la terrasse donnant sur le jardin, conférant lumière et charme à tout le rez-de-chaussée.

De leur première installation, Cécile et Benoît avaient hérité d'une accumulation de mobiliers hétéroclites. Ils avaient envie de changer complètement le décor du salon et d'y éliminer le désordre permanent. Ils voulaient en effet éviter que cette pièce ne devienne le principal terrain de jeux des enfants, qui avaient largement de la place dans leurs chambres mais préféraient s'amuser, comme tous les enfants, dans la pièce familiale.

Il me fallait donc naviguer entre différentes contraintes, sans parler de l'optimisation du budget disponible – mais rien n'est plus stimulant à mes yeux !

BIEN RECEVOIR ET SURTOUT ÊTRE BIEN CHEZ SOI

Le souhait de Cécile et Benoît était double : pouvoir recevoir leurs amis dans de bonnes conditions et surtout être bien en famille. Ils rêvaient d'un univers plus contemporain et ludique que celui dans lequel ils vivaient précédemment, tout en étant suffisamment «résistant» compte tenu de l'âge et du tempérament de leurs enfants. Ils craignaient en effet d'acquérir des meubles trop fragiles qui ne tiendraient pas la route et n'arriveraient pas à durer au moins quelques années, le temps qu'ils puissent refaire quelques économies. Mais ils ne voulaient pas pour autant que leurs enfants évoluent dans un mobilier trop banal et jetable : ils en avaient assez du canapé premier prix déhoussable et lavable qui est une solution de facilité – mais certainement pas *la* solution quand on a des enfants en bas âge.

La cuisine-salle à manger : trouver le bon équilibre

Lorsque j'ai visité pour la première fois la maison avec ses propriétaires, la cuisine/salle à manger était déjà une option préétablie, et déjà largement en place.

La cuisine-salle à manger est un concept de plus en plus utilisé actuellement. Pour des raisons affichées tout d'abord : ennoblissement de la fonction « cuisine », que l'on aime montrer autant (voire davantage !) que l'on aime y cuisiner ; envie de rester à discuter avec ses amis tout en préparant le dîner, au lieu d'être momentanément banni de l'échange ; enfin, désacralisation de la fonction « salle à manger », avec tout l'apparat bourgeois et désuet auquel elle se trouve associée dans l'inconscient collectif. La salle à manger classique est en effet de plus en plus en contradiction avec la fonction « salon », résolument contemporaine et polyvalente. Mais il y a aussi bien sûr des raisons plus pragmatiques : mon salon n'est pas assez grand pour y mettre une table de huit personnes, alors j'optimise ma cuisine, qui elle est très bien dimensionnée ! Cette problématique se retrouve souvent dans les habitations anciennes, où les pièces sont généralement de petites dimensions à la base, défaut qui peut persister même en abattant des cloisons.

La configuration cuisine-salle à manger est donc à la fois tendance et astucieuse, du moins quand elle est réussie...

Cécile et Benoît avaient déjà presque tous les bons ingrédients pour réunir ces deux fonctions dans une seule pièce. Ils avaient installé une belle cuisine intégrée (modèle Ikea mais haut de gamme, avec portes laquées rouges, grands plans de travail en bois massif, équipement électro-ménager entièrement neuf en aluminium brossé), le tout choisi par Benoît, car c'est lui qui cuisine le plus. Ils avaient également de grandes baies vitrées donnant sur le jardin, installées lors de la rénovation de la maison, apportant une lumière naturelle et une vue particulièrement agréables.

Cependant, il leur manquait les épices et petits secrets que seul un décorateur peut avoir en réserve pour réussir complètement la recette. Ainsi, ils n'avaient pas encore trouvé de luminaires adaptés au double concept... et en attendant, la pièce était éclairée par des ampoules nues (du « provisoire qui dure » comme on en voit souvent après de gros travaux). Quant à la couleur des murs, un blanc neutre ne liait pas suffisamment l'ensemble, il manquait un petit quelque chose mais il était difficile de savoir quoi exactement.

La couleur des murs

Le blanc neutre utilisé ne convenait pas avec le beige du réfrigérateur de type années 1950 (modèle édité par SMEG).

Afin de trouver l'harmonie, j'ai donc proposé de repeindre la pièce dans une teinte crème, qui reprend exactement la couleur beige du réfrigérateur. La couleur s'harmonise désormais non seulement avec ce dernier, mais encore avec la teinte des portes de placards de la cuisine. Une plus grande fluidité est ainsi installée dans la pièce.

Le choix des luminaires

Pour ce qui est des luminaires, j'ai choisi :

• Deux appliques Habitat en plâtre à peindre et verre satiné ; ce modèle (Stratus) présente l'avantage de cacher entièrement l'ampoule et les aspects techniques. Trop souvent les appliques murales n'ont pas un « joli profil » ! En l'occurrence, les appliques étant positionnées de manière perpendiculaire, l'une par rapport à l'autre, on aurait pu avoir constamment un mauvais côté de la lampe dans le champ de vision.

• Une suspension – indispensable pour habiller la table, toujours de chez Habitat. Ce modèle élégant et amusant (Ipsy), constitué d'une base en métal, est agrémenté de loupes en plastiques (12 larges, 18 moyennes et 36 petites, rien que ça !) dont l'usage est détourné vers une fonction purement ornementale (à proscrire absolument dans une pièce trop ensoleillée, si on ne veut pas reproduire un phénomène physique bien connu des pyromanes !). Son grand intérêt pour cette pièce est qu'il s'agit d'une suspension beaucoup moins imposante qu'un lustre en cristal (même revisité en version plastique), qui n'aurait pas convenu à la personnalité des propriétaires. Il leur fallait quelque chose un zest décalé, chic sans être mondain, aux antipodes d'un de mes cauchemars suprêmes : le lustre de style espagnol en fer forgé ! (Maintenant vous savez ce que peut m'offrir mon meilleur ennemi).

Le mobilier

Enfin, l'ancienne table ronde (recouverte de surcroît d'une nappe informe) n'était pas du tout adaptée et ne pouvait pas avoir le double usage de table de cuisine et de table pour recevoir. Nous avons opté pour un modèle de table de dîner rectangulaire à rallonges, en chêne massif, édité par La Redoute, simple et robuste sans être trop rustique, et d'un prix très modéré. C'est vraiment cette table qui a fait pencher la balance du côté de la salle à manger, même si la fonction cuisine ne pouvait que primer au quotidien. Évidemment, j'aurais aimé aller plus loin en changeant aussi les chaises. Mais les assises existantes en éclisses de rotin, bien que manquant d'originalité, ne jurent pas dans cet ensemble. J'ai en effet préféré réserver les plus grosses dépenses pour le salon.

COMMENT RESTRUCTURER UN ESPACE DÉJÀ RÉNOVÉ ?

Ce qui n'est pas évident, c'est que l'odeur du neuf peut donner l'impression – à tort – que tout a déjà été fait, que tout est déjà figé. Pourtant, il ne faut pas hésiter à redimensionner l'espace. Deux approches m'ont paru complémentaires pour réunifier les deux parties du salon : d'abord par la couleur sur les murs, ensuite par le sol.

RESTRUCTURER UN ESPACE APRÈS SA RÉNOVATION

Le salon était la pièce principale à aménager, le lieu où tout était à faire. Très en longueur, il était en fait issu de l'addition de deux petites pièces, réunies lors de la rénovation de la maison. Même si les cloisons avaient été abattues, on sentait encore fortement deux espaces distincts fonctionnant séparément. Les deux cheminées d'angle héritées de l'ancienne configuration, l'une en marbre blanc, l'autre en marbre brun, renforçaient cette double polarisation ; en outre, elles n'étaient désormais plus des sources de chauffage et se contentaient d'enlever de la surface au sol.

Pour ce qui est du coloris, je fonctionne le plus souvent à l'inspiration, au feeling...

HENRY HANG

La collection de lettres adhésives « My Wall » a été conçue par Henry Hang, jeune artiste peintre autodidacte issu de la culture hip-hop, qui cherche à faire entrer l'art dit de la rue à l'intérieur des habitations. Cette série évoque la technique du graph ou encore celle du tag. On peut faire imprimer les mots de son choix dans la couleur de son choix (dans la limite du nuancier) ; le résultat, presque « sonore », rappelle l'esprit des lofts new-yorkais. Henry Hang utilise aussi dans son travail la peinture à l'huile ou l'illustration, toujours avec un parti pris résolument urbain.

Personnaliser le mur principal

Pour le mur principal, le plus visible en entrant, je voulais quelque chose de plus fort que la simple couleur. Quelques semaines avant ma première visite chez Cécile et Benoît, j'avais découvert une nouvelle collection dans la boutique WallDesign, intitulée « My Wall », créée par Henry Hang, permettant de personnaliser un mur par les mots de son choix.
Cette série qui joue sur l'effet de dégoulinure, emprunt à l'univers des tagueurs urbains, crée un réel prolongement des lettres par la couleur. J'ai tout de suite imaginé une phrase dans cette écriture adossée à une rayure de couleur. Ensuite, j'ai proposé à Cécile et Benoît de mettre un court texte de leur choix tout le long d'une rayure de couleur peinte. J'avais peur que cela ne leur paraisse trop radical, mais ils ont immédiatement été séduits par cette idée.

Restait à se fixer sur une phrase, sur la dimension de la rayure et sur un coloris. Pour ce qui est du coloris, je fonctionne le plus souvent à l'inspiration, au feeling... À partir du nuancier je sors une couleur comme je sortirais une carte sur laquelle je vais tout miser. Dans notre cas nous devions partir du nuancier des vinyles adhésifs de WallDesign plus limité qu'un nuancier de peinture. Pour créer une nouvelle atmosphère unifiante pour cette pièce un peu triste, j'ai donc « pioché » un bleu turquoise qui apporte une note estivale, un parfum de vacances éternelles en quelque sorte.
Partant du principe de la rayure, je suis arrivé au projet d'une bande horizontale turquoise peinte sur toute la longueur du mur, d'une largeur assez importante mais ne retirant pas de luminosité à la pièce. Encadrée par deux

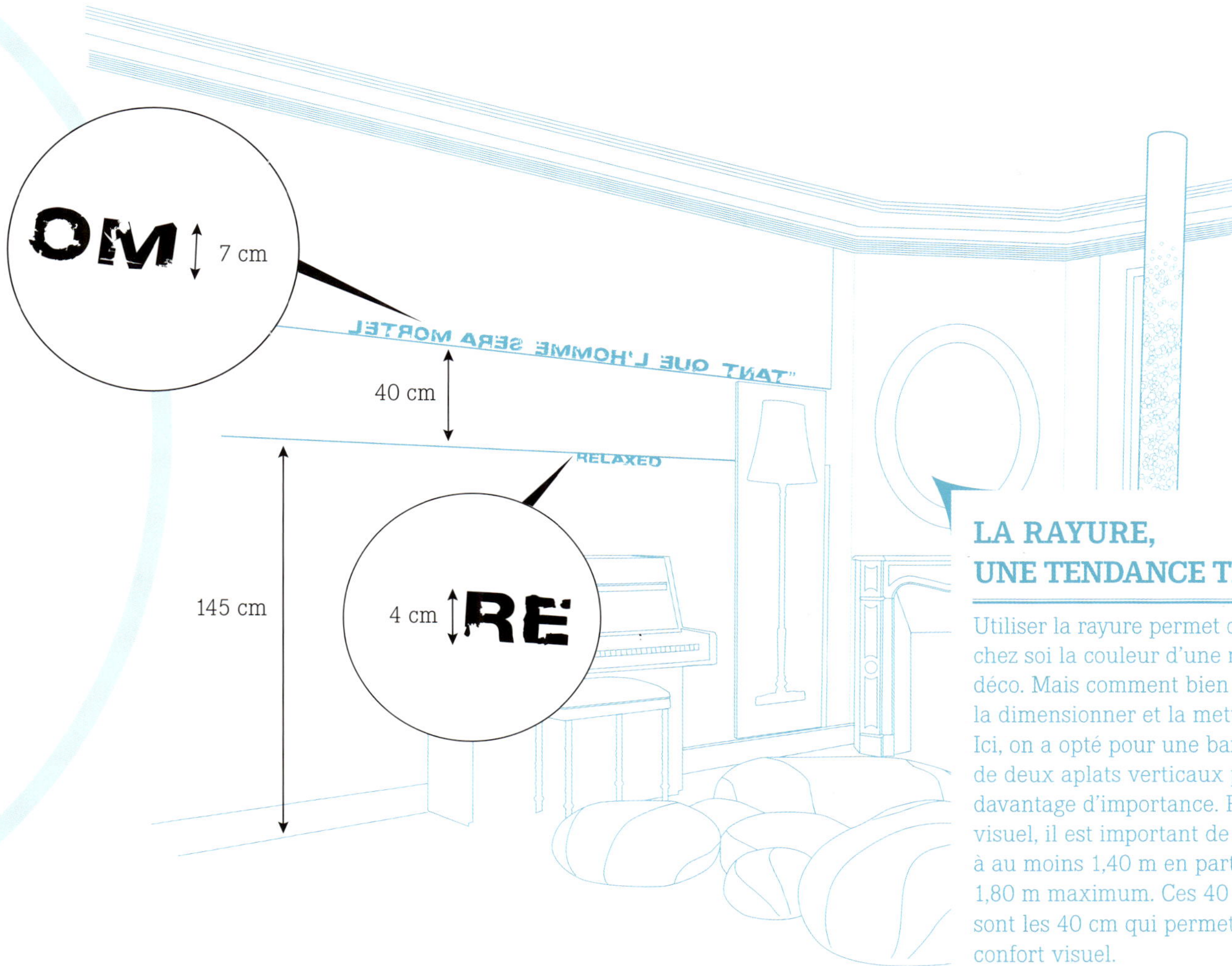

aplats verticaux, un autour de chaque cheminée, cette bande serait encore plus percutante. Ici, j'ai appliqué une technique que j'avais déjà utilisée dans mes aménagements précédents, qui est de **décaler les angles pour perturber le regard et agrandir l'espace**. Au lieu de faire peindre exactement les cloisons d'angles des cheminées, j'ai demandé au peintre de faire déborder le bleu sur les cloisons attenantes. **Outre la surprise visuelle, cela donne paradoxalement l'impression que les cheminées sont plus grandes** qu'elles ne le sont en réalité et cela met ainsi mieux en valeur leurs encadrements.
Il ne manquait plus que la phrase. J'ai laissé à Cécile et Benoît un peu de temps et quand je suis revenu vers eux, ils avaient longuement cogité et s'étaient décidés pour une citation de Woody Allen : « Tant que l'homme sera mortel, il ne sera jamais décontracté ». Dérangeant et humoristique tout à la fois ! Mais cette phrase risquait d'être un peu trop présente à la longue, surtout par son évocation de la mort. Je leur ai donc proposé une astuce qu'ils ont tout de suite validée : imprimer le texte à l'envers. Ainsi, on l'oublie davantage au quotidien, et de plus, cela intrigue le visiteur qui est obligé de faire un effort pour lire les mots. Pour ajouter encore du piment à ce petit jeu, j'ai doublé quelques mots du texte, mais en anglais, cette fois-ci imprimés à l'endroit.

LA RAYURE, UNE TENDANCE TRÈS DESIGN

Utiliser la rayure permet de faire pénétrer chez soi la couleur d'une manière très déco. Mais comment bien la choisir, la dimensionner et la mettre en valeur ? Ici, on a opté pour une bande encadrée de deux aplats verticaux pour lui donner davantage d'importance. Pour un confort visuel, il est important de cadrer la rayure à au moins 1,40 m en partant du sol, 1,80 m maximum. Ces 40 cm de largeur sont les 40 cm qui permettront un meilleur confort visuel.
Dans notre exemple, la rayure se situe à 1,45 m du sol afin que les textes ajoutés en haut et en bas (7 cm et 4 cm), respectent les mesures standards.
Enfin, pour les aplats des deux cheminées, 25 cm ont été ajoutés de chaque côté pour les agrandir visuellement et donner plus d'importance aux deux panneaux.

Malheureusement, vu le taux de rotation des meubles dans notre pays, un mauvais choix de meuble est un mauvais choix qui dure.

Au-dessus des cheminées, il était important de trouver des alternatives au sempiternel miroir, dont ni les propriétaires ni moi n'avions envie. Mais maintenant que le mur était unifié par la couleur, plus de risque de bipolarité : on pouvait donc éviter la symétrie. Pour la cheminée de gauche, **un autre type de décoration murale apporte de la stylisation, de manière originale et décalée : un grand cadre adhésif repositionnable** (modèle édité par Exquise Esquisse), avec une note de bois doré et surtout un effet d'illusion d'optique qui en atténue le kitsch. Pour la cheminée de droite, Cécile tenait à une décoration plus traditionnelle : des cadres rectangulaires en vrai bois, où elle pourrait mettre les photos de famille.

Unifier l'espace par le sol

Bien évidemment, je ne comptais pas garder les deux tapis bariolés qui ornaient précédemment le salon, même si les propriétaires me l'avaient demandé à genoux (je plaisante bien sûr) ! Plus sérieusement, toujours dans le cadre du renforcement de l'unité de la pièce, il était indispensable de remplacer les deux tapis d'origine par un seul de grande dimension. J'ai proposé à Cécile et Benoît de faire réaliser sur commande chez Saint-Maclou un tapis-moquette épais et quasiment « monumental », dans une teinte brun-rosé très douce. La finition de ce type de tapis est toujours bien faite, grâce à des lisérés élégants et discrets. Cette solution tout à fait économique, surtout quand on la compare avec le prix des tapis édités, est assez mal connue. Je l'utilise souvent, car on peut vraiment moduler comme on le veut la taille, la forme, l'épaisseur et la nature du tapis. En l'occurrence, le tapis devient ici un socle essentiel pour installer le mobilier. On verra plus loin également comment il crée pour les enfants un compromis entre terrain de jeux et territoire maîtrisé par les parents.

Dans le salon : on enlève tout et on reste bas !

En matière de mobilier, j'avais l'autorisation de pouvoir changer tous les éléments du salon : canapé, table basse, luminaires, et ne devais garder qu'une seule chose, mais non des moindres : le piano droit noir, avec son tabouret. Cette autorisation donnée était pour moi une chance, car je crois que j'avais rarement vu un mobilier aussi peu harmonieux dès le départ. Ce n'était pas seulement la disposition bipolaire qui achevait de couper la pièce en deux. En effet, tout, des chauffeuses en rotin ou des lourds fauteuils faux 19ème au capiton verdâtre, jusqu'au meuble de télévision en simili bois clair, en passant par le canapé recouvert d'une double épaisseur de tissus dont un plaid d'inspiration patchwork, tout était un véritable cauchemar à mes yeux (certes hypersensibles sur ce plan). Quand je le peux, j'aime conserver le maximum d'éléments d'origine pour les intégrer dans mes relookings, mais là, cela me paraissait tout bonnement impossible. Quant aux luminaires, ils complétaient efficacement le musée des horreurs, notamment un magnifique lampadaire-range-cd (mélange qui, je l'espère, restera unique dans l'histoire du design !). Mais qu'on ne se méprenne pas : je n'insinue nullement que Cécile et Benoît avaient mauvais goût. Dans la rénovation de leur maison ou l'équipement de leur cuisine, ils avaient montré qu'ils avaient le sens de l'espace et de la lumière. Mais la déco n'avait pas été jusqu'ici leur priorité, et ils avaient fait avec de la « récup », et sans doute aussi avec quelques « erreurs de jeunesse » qu'ils avaient traînées comme des boulets. Cependant, la disposition initiale du canapé et de la télévision m'a paru juste. **Positionné de manière perpendiculaire à la fenêtre, le canapé crée de fait un couloir menant à la cuisine : circulation assez évidente et pratique**, surtout quand on revient des courses ! Mais du coup, **la place du piano** (utilisé par la fille aîné de Cécile et Benoît) **ne convenait pas** : comment bien jouer ou prendre des cours lorsque l'on se trouve dans un passage ? Aussi j'ai proposé que **le piano soit positionné le long du mur principal du salon**. Il s'articule de cette façon parfaitement avec la bande de couleur horizontale, et de plus, constitue un élément décoratif par lui-même, renforcé d'ailleurs par son très joli tabouret, héritage venant de Cécile, repeint en noir et retapissé pour l'occasion par un professionnel.

Lorsque je décore une maison, j'aime bien faire « le tour du propriétaire ». En effet, on découvre parfois des trésors cachés dans des pièces peu ou pas utilisées. En l'occurrence, j'ai découvert dans la remise au fond du jardin un buffet-bibliothèque de style anglais, • • •

• • • encore en très bon état, qui avait déjà eu une autre vie dans l'ancienne maison de Cécile et Benoît. Celui-ci a parfaitement trouvé sa place à l'ancien emplacement du piano. J'ai demandé à Cécile, qui n'était pas la dernière en bricolage, de lui redonner un coup de neuf en le rafraîchissant. Il génère maintenant un vrai rangement, notamment pour les sculptures des enfants. De plus il permet de concilier l'ancien et le contemporain, mélange cher à Cécile. En le voyant, j'ai eu l'idée de peindre l'intérieur de la même couleur que le mur, afin de lui donner une particularité. La teinte choisie, un bleu-gris clair, s'harmonise avec le bois plus chaleureux. En même temps, elle permet de faire disparaître ce meuble et d'alléger la masse qu'il représente par rapport au mur. On se focalise ainsi uniquement sur la partie basse. En outre, ce bleu-gris convient tout à fait au canapé, ce qui crée une transition avec la partie salon. Au-dessus du meuble, deux lampes au design subtil et féminin (modèles édités par la marque Les Héritiers), l'une en verre mercurisé, l'autre transparente, ajoutent à la tonalité plus intimiste créée à cet endroit. **Pour le canapé, il fallait quelque chose de discret qui ne fasse pas concurrence à la scénographie du salon**. Le modèle choisi, malgré son nom (Spectacle), édité par La Redoute (AM.PM.) est à la fois élégant et très caméléon, dans sa tonalité beige chiné. Je l'ai juste complété par quelques coussins bleu turquoise, afin de prolonger l'harmonie bichromique de la pièce. Composé de deux éléments (méridienne et canapé d'angle), ce canapé offrait une large assise et un grand confort au quotidien ; de surcroît, il était entièrement déhoussable. Rassurez-vous, je ne cherche pas à faire de la réclame : bien sûr, si mes clients craquent pour des canapés luxueux et d'un design sublime, ce n'est pas moi qui vais les brider, bien au contraire ! Mais en l'occurrence, lorsqu'il faut respecter un budget, je suis aussi heureux de pouvoir proposer une telle gamme, qui fait son effet à moins de 1 000 €. Je ne pouvais pas garantir une résistance pour dix ans, surtout avec trois enfants dans la maison : mais Cécile et Benoît n'étaient pas effrayés à l'idée de devoir changer ce canapé d'ici cinq à six ans.

Beaucoup plus ludiques, les coussins galets Livingstones conçus par Smarindesign sont le vrai centre d'attraction du salon au niveau du sol, surtout pour les enfants. Très remarqués dans la presse déco, ces poufs en feutrine, plus exactement en laine vierge et fibre anallergique, permettent de créer des compositions à géométrie variable, comme une plage de repos pour s'asseoir ou se lover.

RÉCUPÉRER ET RÉNOVER

Un buffet-bibliothèque de style anglais avait été relégué dans la remise.
Après un bon rafraîchissement de la part de Cécile, il trouve une nouvelle jeunesse dans le salon, permettant rangements et harmonie entre le style ancien et le style plus contemporain de la pièce.
L'idée d'en peindre le fond de la même couleur que les murs allège sa présence et respecte le centre de gravité bas du salon.

Avec le tapis, ils forment bien évidemment une aire de jeu pour les enfants, mais « contrôlée » (du moins lorsque ces derniers sont lassés de se les jeter à la figure, comme dans une bataille de polochons...). Toute la famille a adoré ces galets, et aux dernières nouvelles, ils avaient plutôt bien survécu à la pratique intensive du ricochet ! Ce sont d'ailleurs plus les adultes qui s'y assoient, tandis que les enfants utilisent davantage le canapé.

Le centre de gravité bas du salon a été renforcé également par le meuble de rangement bas blanc (Habitat), qui fait aussi office de meuble TV. Avec ce design et cette couleur, on n'altère en rien l'atmosphère doucement aérienne de cette partie, de même qu'avec la table basse en plexiglas transparent (diffusée par Muji) qui remplace avantageusement la lourde table basse en bois du mobilier originel. Enfin, la table bureau peu pratique et encombrante qui était placée au milieu du mur principal disparaît du nouveau paysage. La chaîne hi-fi rejoint le nouveau meuble TV et pour la fonction bureau, un charmant petit secrétaire chiné par Cécile, et relégué jusqu'ici dans une autre pièce aux étages, trouve sa place dans l'angle le moins visible de la pièce.

Lumière dedans/dehors, et réciproquement

Aucune suspension n'était prévue dans le salon, et c'était heureux ici. Mais il fallait trouver un équilibre entre les nombreux luminaires nécessaires à la pièce. Deux idées-forces ont guidé mes choix :

- du côté de la baie vitrée : **créer une continuité avec la terrasse**, comme un fil lumineux soulignant la longueur de la pièce ;
- du côté de l'entrée de la pièce : **trouver des luminaires verticaux contrebalançant l'horizontalité prédominante.**

Éclairage

Pour la continuité avec l'extérieur, l'alliance entre le cube (Muji) et les pots lumineux Bloom créés par Rob Slewe donne l'impression que la terrasse fait partie intégrante du salon (la terrasse est d'ailleurs recouverte de lattes dont l'aspect et le sens sont très proches du parquet). Cécile et Benoît sont tombés amoureux des deux pots lumineux. Ils ne manquent pas de les laisser le plus souvent allumés dès que le jour tombe. Le résultat est en outre particulièrement poétique, rehaussé par le mélange avec de vrais pots sur la terrasse ! De l'autre côté du salon, la verticalité est apportée par deux luminaires, très différents l'un de l'autre :

- le lampadaire Standard édité par Habitat, astucieux panneau recouvert de toile de coton créé par Yosuke Wanatabe, figurant un lampadaire classique, éclairé sous la toile et derrière le panneau, et s'allumant en tirant un fil. Accroché au mur, il prolonge les effets d'illusion d'optique déjà amorcés par les angles cassés et par le cadre adhésif ;

• le lampadaire Totem Lumineux en aluminium brossé créé par Hervé Matejewski qui rééquilibre l'éclairage en le diffusant sur toute la hauteur de la colonne, grâce à ses multiples trous faits un à un de manière artisanale. Outre son design simple et travaillé à la fois, il théâtralise cette partie du salon, tout près de la grande porte à double battant.

Pour résumer : la journée, l'atmosphère semble simple, esthétique et pratique ; le soir, une fois toutes les lampes allumées, on a vraiment le sentiment de pénétrer dans un salon très sophistiqué. Cela est certes rendu possible par la multiplication des sources d'éclairage mais aussi et surtout par la diversification des matériaux de celles-ci.

L'entrée : la touche finale

On ne le dit pas assez souvent, l'entrée est l'espace où l'on accueille mais aussi où l'on prend congé. Or, après une telle transformation du rez-de-chaussée (cuisine-salle à manger et salon), il n'était pas possible de conserver une entrée « plus blanc que blanc », aussi insipide que le reste était relevé. Heureusement, les maisons anciennes ont toujours de ces petits trésors cachés qu'on a envie de valoriser. Ici, ce trésor était le vitrail situé au-dessus de la porte d'entrée, aux jolis motifs géométriques encadrés de rouge. Sur ma suggestion, cette tonalité a été reprise à l'intérieur de tous les encadrements de moulures. Le résultat a indéniablement un air de Deauville, quelque chose des rayures des cabines de bain normandes. Tout naturellement, j'ai alors proposé une suspension en forme de lampe de bateau (Fly), toujours dans le coloris rouge qui dynamise incroyablement l'entrée et l'escalier menant aux étages.

Pour unifier l'espace, penser à réorganiser par le sol et ne pas hésiter à faire faire son tapis sur mesure par un magasin de moquette.

Quand on a une terrasse, un balcon ou une baie vitrée sur jardin, mettre un luminaire à l'extérieur permettra d'agrandir son séjour.

Multiplier les sources d'éclairage en diversifiant leurs matériaux, pour créer une atmosphère très sophistiquée le soir.

Cacher ce qui est visible en n'ayant pas peur de le montrer. Ici, on a utilisé la même couleur pour le mur de la cuisine que celle d'un élément très présent dans la pièce (le frigo) et ceci afin de le faire disparaître.

Peindre l'intérieur d'une étagère en bois de la même couleur que le mur pour alléger sa masse visuelle.

Reprendre le détail d'une pièce pour en optimiser la déco : ici, par exemple, le vitrail de l'entrée donnait le ton de la couleur.

Penser à contrebalancer : si on adopte une couleur forte au mur, il est préférable de contraster avec un mobilier plus léger en couleur. Ici, la cuisine rouge incitait à garder des couleurs assez neutres au mur et la rayure du salon permettait des tonalités légères dans le mobilier, comme le canapé et le meuble télé.

LES IDÉES DÉCO

SHOPPING

Vous trouverez les objets cités dans ce relooking dans les magasins suivants :

WallDesign – *www.walldesign.fr*
AM.PM .– *www.ampm.fr*
Habitat – *www.habitat.net*
Hervé Matejewski – *www.matejewski.com*
Saint-Maclou – *www.saintmaclou.fr*
Muji – *www.muji.fr*
Les Héritiers - *04 78 37 17 03*
Exquise Esquisse – *www.exquise-esquisse.com*
Livingstones – *www.livingstones.fr*
Fly – *www.fly.fr*
Bloom – *www.sabz.fr*
Smeg – *www.smeg.fr*

L'HOMME SERA MORTEL, IL NE SERA
RELAXED

"TANT QUE L'HOMME SERA MORTEL, IL NE SERA JAMA
MEN
RELAXED

« L'espace, une notion de volume »

Gérard Laizé, directeur général du VIA.

VIA, Valorisation de l'Innovation dans l'Ameublement, a pour vocation de valoriser et de promouvoir la création française dans le secteur de l'habitat et du cadre de vie. Observatoire permanent, cet organisme identifie les grands courants d'évolution sociologique en matière de modes de vie, de comportements de l'homme face aux nouveaux outils technologiques, de structure des familles, de morphologie humaine et de principes ergonomiques... Ses programmes d'aide à la création permettent de financer le prototypage de projets de jeunes designers et facilitent leur mise en relation avec les éditeurs et les industriels.

On reparle de plus en plus de la notion d'espace pour nos intérieurs. Qu'entend-on par là et comment peut-on l'expliquer ?

Quand on parle d'espace, lorsqu'il s'agit du cadre de vie, on doit raisonner en termes de volume spatial. C'est la spatialité ou la volumétrie du lieu qui compte. Ne dit-on pas que l'espace est un luxe? Cela fait ensuite intervenir la notion d'affectation spatiale par rapport aux modes de vie et à la structure de ce qu'on appelle aujourd'hui le foyer (famille normée, foyer monoparental, famille recomposée). Ainsi, l'affectation spatiale tant dans la dimension générale de l'habitat qu'en ce qui concerne la taille de chaque pièce peut varier fondamentalement. Autour de nous, on entend, « J'ai une chambre, j'en veux deux », « Les parents ne peuvent pas s'isoler par rapport aux enfants, comment puis-je faire ? » Prenons l'exemple de la salle de bains. Aujourd'hui les gens y passent de plus en plus de temps et font autre chose que se laver (ils s'y détendent ou font de la gym). Automatiquement dès qu'on consacre plus d'activité dans un espace donné,

> La façon de vivre, l'organisation même de ceux qui vivent dans l'habitat et l'activité qu'on développe dans chaque pièce sont trois éléments importants pour comprendre cette notion d'espace, de répartition des fonctions et d'investissement en matière de décoration.

> Réussir en matière de décoration consiste à créer une ambiance harmonieuse. Cette harmonie ne se cantonne pas seulement au niveau de la ligne de produits décoratifs, elle est le résultat d'un équilibre, d'une vibration entre les éléments.

on lui donne plus d'importance donc plus de mètres carré. Or, on entend « J'ai une salle de bains trop petite, je voudrais l'agrandir ». Cette pièce mesure en moyenne 4 m^2 en France, dont 80 % sans fenêtre. Et à l'intérieur de ce volume, on surinvestit en équipement et en éléments plus émotionnels, plus sensoriels, plus affectifs qui se révèlent par la décoration. Ainsi, la façon de vivre, l'organisation même de ceux qui vivent dans l'habitat et l'activité qu'on développe dans chaque pièce sont trois éléments importants pour comprendre cette notion d'espace, de répartition des fonctions et d'investissement en matière de décoration.

Comment peut-on valoriser l'espace ?

Cela fait des années que je développe la thèse selon laquelle un produit qui rentre dans notre décor de vie, qu'il soit mobilier, objet, luminaire... ne vit jamais seul. Les objets sont au cadre de vie ce que sont les notes à la musique. En ce qui concerne le mobilier, il reste produit semi-fini tant qu'il n'est pas confronté à l'usage qu'on en fait, dans un espace d'affectation. Réussir en matière de décoration, consiste à créer une ambiance harmonieuse. Cette harmonie ne se cantonne pas seulement au niveau de la ligne de produits décoratifs, elle est le résultat d'un équilibre, d'une vibration entre les éléments qui prennent place dans l'espace pour des raisons fonctionnelles, décoratives, et volumétriques. Dans cette composition, la lumière joue un rôle prépondérant. Elle intervient comme un liant entre l'espace architectural et les éléments qui prennent place dans ce volume. À ce propos, quand on analyse un produit luminaire, on considère la source, donc l'éclairage et le support, c'est-à-dire l'objet éclairant. On oublie toujours le troisième facteur essentiel qui est la luminance, le jeu d'ombre et de lumière sur la volumétrie du lieu. Il faut bien comprendre que la luminance est un facteur structurant de l'architecture qui favorise cet équilibre entre les objets et la volumétrie du lieu.

Est-il possible de « créer » de l'espace et comment ?

Bien sûr. À de multiples occasions, on a pu faire la démonstration que, dans un même nombre de mètres carré, on peut gagner de l'espace. L'ouverture est un élément important. Par exemple, on n'a pas toujours besoin de fermer une porte. Or l'ouvrant d'une porte occupe un mètre carré. Il se trouve que l'on est resté sur des principes de constructions ancestraux qui font qu'une porte n'est pas toute hauteur. Donc, le fait de substituer une porte dite normée par un panneau plus large toute hauteur qui coulisse apporte un gain d'espace phénoménal. La porte disparaît physiquement et mentalement : on a l'impression d'avoir créé de l'espace. La bonne solution est de clore ce qu'il faut clore et pas plus. On s'aperçoit alors que dans n'importe quel appartement, quelle que soit sa dimension, on gagne de la place en espace et également en fonctionnalité. J'adore faire la démonstration sur ce que j'appelle la « suite parentale » où, bien souvent, on trouve une pièce d'eau réduite et sombre qui jouxte une chambre avec en général une fenêtre. Or, si j'ouvre une partie de la cloison toute hauteur et si en plus, je mets une cloison de verre – avec un rideau coulissant qui permettra d'opacifier pour plus d'intimité si je le souhaite – ma pièce qui était noire s'éclaire tout d'un coup d'une lumière naturelle. De même quand on fait l'analyse des activités qui se développent dans cette pièce, on s'aperçoit que 20 % des activités sont humides et que le reste sont des activités sèches dont certaines peuvent être déplacées dans la chambre autour d'une coiffeuse ou d'un banc *make up* par exemple. Dès lors, on peut s'autoriser à faire une douche plus grande avec un petit lavabo pour satisfaire l'activité humide et la partie sèche est transposée dans la chambre. On n'a pas poussé les murs, on a juste redistribué ou ré-affecté l'espace. Dans l'espace intermédiaire ainsi disponible, on peut installer par exemple un dressing ou un espace gym.

-

De Gérard Laizé
L'histoire des styles
Tallandier - 09/2006

07 Une maison « années 1930 » revisitée

2 enfants 70 m² 32 k€

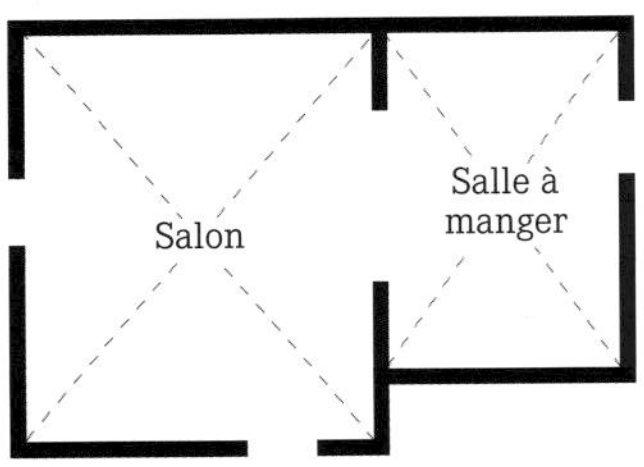

Au 1er étage d'une maison de ville, un salon - salle à manger avec double exposition. Les deux pièces ont le même sol en damier de pierre noir et blanc. Deux petits murets encadrent l'ouverture entre salon et salle à manger.

GROS PLAN SUR LES PROPRIÉTAIRES

Isabelle et Jean-Philippe, 44 et 43 ans, avaient acquis deux ans auparavant une maison à Sceaux datant des années 1930, où ils vivaient avec leur deux filles âgées de 16 et 5 ans. Avec ses deux niveaux (rez-de-chaussée et rez-de-jardin), sa terrasse et son jardin, cette maison comportait déjà beaucoup d'ingrédients pour s'y sentir bien : en particulier, un salon-salle à manger d'une très belle surface, occupant les trois-quarts du rez-de-chaussée. Au sol de ces deux pièces réunies s'étalait un splendide damier de pierre noir et blanc, tout à fait intact. Enfin, dans le salon trônait une magnifique cheminée rectangulaire d'une taille monumentale et d'un dessin à l'épure parfaite.

Pourtant, Isabelle et Jean-Philippe sentaient que leur cadre de vie pouvait encore être considérablement amélioré, mais ils ne savaient pas exactement par quel bout s'y prendre. Ils voulaient changer beaucoup de choses en matière de peintures et de mobilier, mais n'avaient entamé aucune décoration. Ainsi, tous les murs étaient encore peints en jaune, couleur peu seyante ici, qu'ils avaient trouvée en arrivant !

Bricoleurs, amateurs d'art et de vieux meubles, les propriétaires rêvaient d'un intérieur d'inspiration années 1930 en accord avec leur maison, sans pour autant qu'elle devînt une demeure de collectionneur. Par ailleurs, après s'être beaucoup consacrés au bien-être de leurs enfants, ils arrivaient à un stade de leur vie où ils ressentaient le besoin de se faire plaisir – et où ils en avaient aussi davantage les moyens.

Être bien chez soi et pouvoir recevoir dans de bonnes conditions est une demande très fréquente chez mes clients. Cependant, la nature exacte de cette demande peut être différente suivant les situations.

UNE MAISON À L'IMAGE DE SOI

Dans le cas d'Isabelle et Jean-Philippe, l'importance du «recevoir» était poussée à un degré élevé, car elle renvoyait directement à une image qu'ils souhaitaient donner d'eux-mêmes : culture, raffinement et ouverture sur la modernité. Une image qui leur correspondait parfaitement au demeurant mais qu'ils voulaient affirmer avec plus de brio, d'autant que la maison s'y prêtait. J'avais bien senti que c'était implicitement cette exigence qui les avait poussés à faire appel à moi et que leur maison représentait aussi un investissement pour leur vie sociale, au-delà de la satisfaction qu'elle pouvait leur apporter au quotidien. Ainsi, Isabelle voulait également développer une activité de galeriste à l'intérieur de sa maison, autour de la céramique contemporaine.

Un Écossais à la rescousse

En premier lieu, il était important de commencer par le contenant et de **trouver le traitement adéquat pour les murs du salon et de la salle à manger**. Avec plusieurs contraintes heureusement plus complémentaires que contradictoires: **s'inspirer de l'esprit «années 1930»** souhaité par les propriétaires et mettre en valeur la cheminée ; **conserver une certaine sobriété pour ne pas créer de**

CHARLES RENNIE MACKINTOSH

(né en 1868 à Townhead, Glasgow - mort en 1928)

Architecte et concepteur écossais, faisant partie du mouvement Arts and Crafts, il fut le principal porte-parole de l'Art nouveau en Écosse. Il a aussi travaillé comme décorateur d'intérieur et créateur de meubles, de textiles et de ferronnerie. La plus grande partie de son travail mélange son style propre à celui de sa femme Margaret, plus coulant et floral, rehaussant ainsi son travail plus formel et rectiligne. Les conceptions architecturales de Mackintosh incluent souvent des spécifications importantes pour le détail, la décoration et le mobilier de ses immeubles.

Bien qu'assez peu populaire dans son Écosse natale, Mackintosh a connu un relatif succès à l'extérieur de la Grande-Bretagne et la plupart de ses conceptions les plus ambitieuses n'ont pas été réalisées. À la fin de sa vie, découragé par l'architecture, Mackintosh a beaucoup travaillé comme peintre paysagiste, réalisant avec sa femme de nombreux paysages et études de fleurs. Il mourut en 1928, ruiné, dans un petit village du Suffolk.

Les conceptions de Mackintosh ont gagné en popularité dans les décennies suivant sa mort. Sa *Maison pour un amateur d'art* a été finalement construite dans le parc Bellahouston de Glasgow en 1996 .

distorsion avec le sol en damier ; enfin, jouer sur la continuité des deux pièces, séparées uniquement par deux petits murets carrés très élégants, se dressant des deux côtés de l'ouverture.

J'avais vu peu de temps avant dans le magazine *Marie-Claire Maison* un reportage photographique sur la reconstitution à Glasgow de *la Maison pour un amateur d'art* conçue par l'architecte écossais Charles Rennie Mackintosh. Le mélange de rigueur rectiligne et de motifs floraux qui fait tout le style de cet architecte m'a paru tout à fait adapté à l'atmosphère que je voulais mettre en place pour ces deux pièces. Mais cela supposait de faire appel à un ou une artiste peintre capable de s'imprégner de ces décorations... et il me fallait donc convaincre Isabelle et Jean-Philippe d'aller un peu plus loin que le cahier des charges initial. Cela n'a heureusement pas été difficile, car ils étaient enchantés de ce projet un peu fou et totalement personnalisé, qu'ils seraient certains de ne pas retrouver chez d'autres personnes. • • •

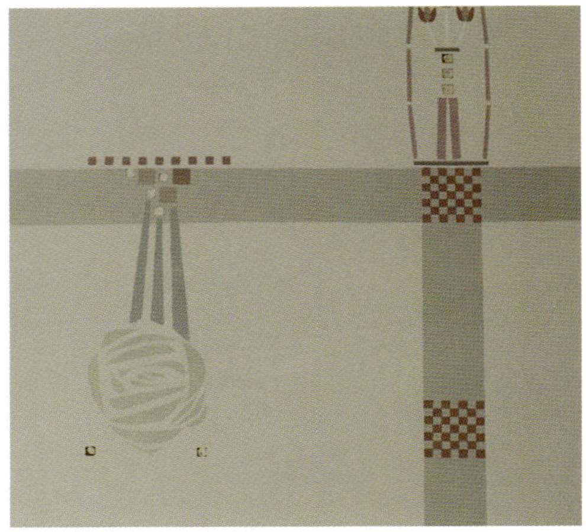

Le projet que j'ai construit avec les propriétaires et l'artiste Anne d'Autruche a été de **reprendre des éléments visuels** de *la Maison pour un amateur d'art* et de **les réadapter selon une approche plus contemporaine**. L'esprit de Mackintosh a été conservé, en particulier son amour des lignes et de la symétrie qui structure et sublime l'espace en le faisant tendre vers l'abstraction. En outre, deux motifs chers à Mackintosh, les damiers et les roses, ont été réutilisés, mais d'une manière différente : en effet, d'une part, l'architecte écossais n'emploie les damiers que pour le traitement du mobilier ; nous l'avons adapté au traitement des murs, en lien avec le sol. D'autre part, pour ce qui concerne les roses, nous avons imaginé des motifs plus petits, proportionnels à l'espace, peints sur un fond clair et non sur un fond sombre comme l'avait fait Mackintosh, ce qui aurait certes permis de mieux les détacher mais qui aurait étouffé la luminosité de la pièce. C'était donc un vrai travail de recréation, qui a donné lieu à de nombreuses esquisses et de multiples allers-retours avant d'arriver au dessin final. Grâce à sa technique du pochoir parfaitement maîtrisée, Anne d'Autruche a réalisé dans le salon et la salle à manger deux fresques d'une rare finesse, qui ne trahissent nullement l'inspiration de départ. (Retrouver le portrait de cette artiste à la p.87). Il va de soi que je ne vous recommanderai jamais d'en faire autant par vous-même, car le pari serait pour le moins risqué !

Au final, l'habillage des deux pièces en fait de véritables écrins. Presque un peu trop si l'on avait eu recours à un mobilier et à une accessoirisation uniquement issus des antiquaires spécialisés ! Mais nous allons voir que l'option qui a été retenue dans ce domaine apporte un réel contrepoids, permettant d'inscrire résolument l'ensemble dans un design contemporain.

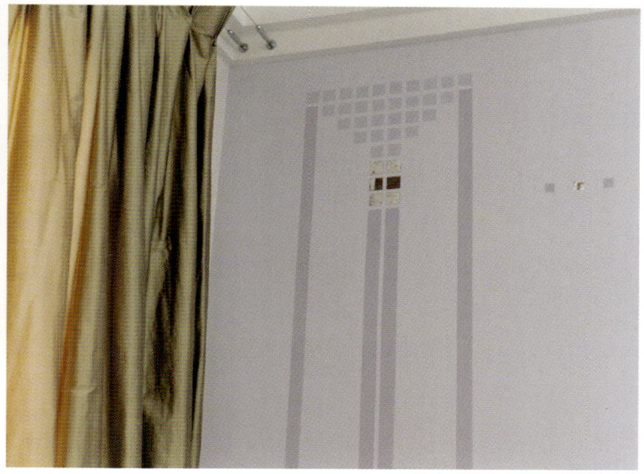

Un salon riche en trompe-l'œil… mais dont le luxe ne trompe pas

Le salon était dominé par deux pôles : d'un côté le canapé, de l'autre la cheminée. Il m'a paru logique d'attribuer **une couleur différente aux murs qui les encadrent**. Le blanc a dès le départ été écarté : en effet, s'il était mis en regard d'un blanc neuf trop lumineux, le blanc du damier au sol risquait de paraître sale ou terne. Deux teintes claires ont donc été choisies, coordonnées avec la pierre du sol mais ne la reprenant pas. Autour du canapé, nous avons opté pour un parme très clair ; et autour de la cheminée, pour une variété de beige, également très claire. En outre, les côtés de part et d'autre du conduit de la cheminée ont été peints dans un beige plus foncé, tirant sur le rose, ce qui permet de donner de la profondeur et du relief à la cheminée.

Pour l'ornementation d'inspiration Mackintosh prévue derrière le canapé, nous avons pensé à deux colonnes de lignes surmontées de damiers, reliées par une frise très discrète intégrant une alternance de carrés et de motifs floraux : dans cette partie, c'est donc la verticalité qui prime, soulignant la hauteur sous plafond. Quant aux couleurs des motifs, nous les avons adaptées et modernisées • • •

••• par rapport aux décors de Mackintosh afin qu'elles s'harmonisent parfaitement avec les murs : parme foncé, perle, blanc, beige, doré, rose pâle et surtout... feuille d'argent patinée.

Le mobilier initial du salon ne formait pas un ensemble cohérent, mis à part qu'il tirait dans les tons chauds, alourdissant la pièce avec le jaune des murs et le sol en damier. Un canapé en tissu rouge, un autre en cuir marron avec des coussins rouges, une table basse de style oriental avec une structure de bois peint en rouge vieilli... Ce salon aurait pu, à la rigueur, convenir ailleurs, mais plus du tout dans cette maison et avec ce nouveau projet. En accord avec le nouveau décor, j'ai proposé à Isabelle et Jean-Philippe **un mobilier contemporain**, surtout pas années 1930, afin de ne créer **aucune surcharge de style** ; et principalement dans des teintes sombres tirant vers le noir, qui renforcent l'effet graphique noir et blanc – ce que l'on peut se permettre lorsque l'on a à la base un espace d'une grande luminosité. Les meubles suggérés sont donc de formes géométriques, et dès lors très reposants pour le regard : en premier lieu, le canapé Mister de Philippe Starck, édité par Cassina, modèle d'une grande pureté de ligne et d'un confort optimal grâce à son « lounger », qui constitue la pièce maîtresse de l'espace, et que nous avons choisi dans une teinte bleu sombre avec une pointe de violet. Vient ensuite un quatuor de tables basses carrées (modèle Kilo édité par Habitat) aux pieds en chêne massif, dont les plateaux de métal laqués – deux noirs et deux blancs – ont été croisés pour faire écho au sol en damier, perturbant astucieusement le regard ; et à droite du canapé, une autre table basse, en forme de cube, entièrement recouverte de miroirs (modèle Sparkle édité par Habitat), permet de jouer différemment avec le sol et de créer une autre illusion d'optique, avec un effet de distorsion évoquant ceux du peintre Escher. Placé sur cet élément, un abat-jour noir signé Hervé Matejewski, frangé de pied en cap, apporte une touche supplémentaire de luxe et de mystère à la pièce. Enfin, un meuble de télévision en verre (modèle Punto acheté chez Har Design, édité par Urbinati, fabricant italien spécialisé dans les meubles en verre) a été positionné à droite de la cheminée, dans l'angle le plus discret.

Pour ce qui concerne les rideaux, j'ai mélangé un tissu de soie édité par Nya Nordiska avec un tissu plus simple acheté au marché Saint-Pierre. La tonalité beige-kaki de l'ensemble et le dessin discret rehaussé d'aubergine du tissu de Nya Nordiska finalisent l'habillage et le contour du salon en s'y fondant parfaitement ; sur le canapé, des coussins réalisés dans ce même tissu en font un rappel utile sans être appuyé, et évoquent également les carrés de la fresque. Ici, une touche trop graphique ou une couleur trop sombre aurait altéré l'esprit de cette nouvelle atmosphère.

DE LOUIS-PHILIPPE À... PHILIPPE STARCK

La salle à manger initialement Louis-Philippe, avec sa table ronde, quatre chaises et son grand buffet très sombre et étouffant, était particulièrement vieillotte et sans âme. Cette pièce est en outre plus basse de plafond que le salon. La frise d'inspiration Mackintosh réalisée ici est donc située moins haut que dans le salon, elle est plus développée que les colonnes : c'est donc **l'horizontalité qui domine dans cette fresque**, en relation avec la table à dîner, que j'avais déjà auparavant imaginée carrée et plus grande que la table ronde initiale.

En matière de mobilier, le grand buffet a été remplacé par deux petites armoires noires laquées (modèle Detroit édité par Habitat) disposées côte à côte, qui occupent beaucoup moins de place tout en augmentant la capacité de rangement pour la vaisselle. Concernant la table de la salle à manger, j'ai opté pour le modèle Léonardo éditée par Urbinati (diffusion Har Design). Cette grande table carrée au plateau et pieds en verre apporte une vraie surface pour recevoir, et de plus, sa transparence et la légèreté qui en découle m'ont paru particulièrement intéressantes avec le dessin au sol, jamais rompu. Quant aux chaises, j'ai proposé le modèle dessiné

par Philippe Starck pour le café Costes dans les années 1980, avec ses trois pieds, son assise en cuir noir et son dossier en bois acajou, si caractéristique et très confortable (édition Driade, diffusion Silvera). Philippe Starck l'a défini comme « une étude de fonctionnement d'un fauteuil prenant la place d'une chaise ». Devenue un classique, cette chaise est ici source d'un juste équilibre entre esprit années 1930 et modernité contemporaine.

Enfin, le guéridon à plateau rond est une des rares pièces reliques du grenier d'Isabelle.

LUSTRES ET VASES : QUAND L'ACCESSOIRE DEVIENT ESSENTIEL

Les dimensions du salon-salle à manger étaient compatibles avec l'installation de deux grandes suspensions dans chaque partie. Dans le salon, un lustre du début du 20ème siècle trouvé aux puces, signé Degay, avec une superbe vasque centrale en pyramide inversée et quatre petites vasques satellites, vient remplacer avec bonheur le lustre initial à armature bleue.

Pour la salle à manger, j'ai proposé aux propriétaires de reproduire un modèle de Mackintosh, également issu de *la Maison pour un amateur d'art*. Une fois leur accord obtenu, j'ai confié ce défi au créateur de luminaires Gilles Espic. À partir d'une simple photographie, il a imaginé par déduction toutes les dimensions de ce lustre, composé de quatre abat-jour carrés et d'une boule en cuivre centrale. Les motifs floraux (des tulipes stylisées) sont conformes aux dessins d'origine, contrairement à la couleur, un mélange de magenta et de rose foncé plus dynamique et adapté au goût du jour.

Dans ce nouveau décor, la céramique contemporaine collectionnée par Isabelle peut désormais s'épanouir pleinement : ainsi, le vase placé sur la cheminée (création de Michael Key), qui peut être tourné dans tous les sens grâce à ses différents visages ou, dans la salle à manger, les vases qui ornent le dessus des armoires noires laquées.

Mais comme on n'a jamais assez de vases, j'ai suggéré aussi d'ajouter ceux créés par Marianne Guédin. Leurs formes surréalistes,

d'une grande délicatesse, sont la « cerise sur le gâteau » qui parachève un univers dont le raffinement est poussé au plus haut.

Au final, si vous pensez que nous sommes allés trop loin dans le sens de la scénographie et de la maison-musée, je suis en mesure de vous rassurer : la vie familiale trouve tout à fait sa place dans ce salon-salle à manger, car le beau apporte toujours un supplément d'âme et d'harmonie, tant pour les moments intimes que pour la sociabilité.

GILLES ESPIC

Gilles Espic, né en 1965, conçoit des luminaires depuis 1993, d'abord à Milan où il a vécu et travaillé jusqu'en 1998 et depuis cette date à Marseille où il est installé. Ancien directeur artistique dans la communication et le design graphique, il a collaboré en tant que designer avec des industriels italiens comme Italiana Luce ou Artemide. Il a également conçu du mobilier. Depuis le début de son activité, il a créé et réalisé sa propre ligne de pièces uniques pour des boutiques en Italie et des particuliers. Depuis 2000, Gilles Espic a mis au point plusieurs collections, produites artisanalement, conçues pour être abordables et pour répondre avec cohérence et imagination à nos envies de lumière. Son style s'est affiné avec la rencontre de la rigueur milanaise et de la sensualité méditerranéenne. Il a été également influencé par Mario Fortuny, Jean Royère, et par les maîtres que sont Ingo Maurer et Achille Castiglioni.

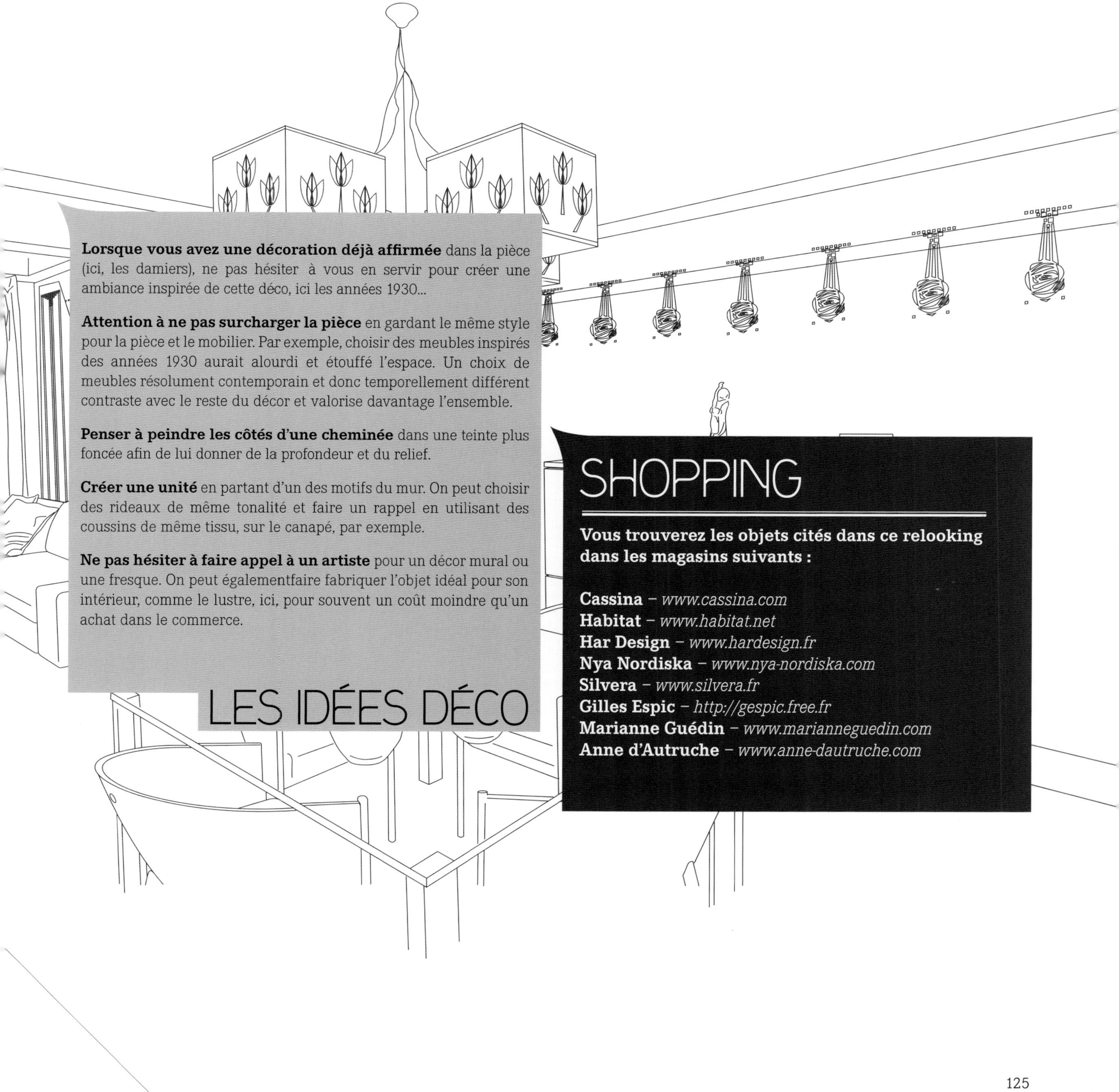

LES IDÉES DÉCO

Lorsque vous avez une décoration déjà affirmée dans la pièce (ici, les damiers), ne pas hésiter à vous en servir pour créer une ambiance inspirée de cette déco, ici les années 1930...

Attention à ne pas surcharger la pièce en gardant le même style pour la pièce et le mobilier. Par exemple, choisir des meubles inspirés des années 1930 aurait alourdi et étouffé l'espace. Un choix de meubles résolument contemporain et donc temporellement différent contraste avec le reste du décor et valorise davantage l'ensemble.

Penser à peindre les côtés d'une cheminée dans une teinte plus foncée afin de lui donner de la profondeur et du relief.

Créer une unité en partant d'un des motifs du mur. On peut choisir des rideaux de même tonalité et faire un rappel en utilisant des coussins de même tissu, sur le canapé, par exemple.

Ne pas hésiter à faire appel à un artiste pour un décor mural ou une fresque. On peut égalementfaire fabriquer l'objet idéal pour son intérieur, comme le lustre, ici, pour souvent un coût moindre qu'un achat dans le commerce.

SHOPPING

Vous trouverez les objets cités dans ce relooking dans les magasins suivants :

Cassina – *www.cassina.com*
Habitat – *www.habitat.net*
Har Design – *www.hardesign.fr*
Nya Nordiska – *www.nya-nordiska.com*
Silvera – *www.silvera.fr*
Gilles Espic – *http://gespic.free.fr*
Marianne Guédin – *www.marianneguedin.com*
Anne d'Autruche – *www.anne-dautruche.com*

08 Une salle à manger comme maman... mais pas comme maman l'aurait décorée !

2 adultes 20 m² 4,5 k€

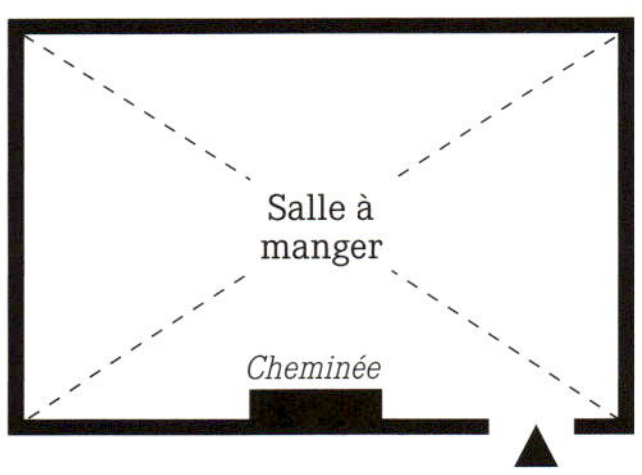

La pièce à aménager était une salle à manger de 20 m² dont le mobilier trop ancien n'était plus adapté. Laurence souhaitait un endroit convivial pour recevoir ses amis.

GROS PLAN SUR LES PROPRIÉTAIRES

Laurence et Frédéric, tous deux la petite trentaine, venaient d'emménager dans un appartement de 90 m², qu'ils venaient d'acquérir dans un immeuble datant des années 1920. L'appartement était confortable, malgré des pièces assez petites, et bénéficiait en particulier d'un beau salon. Ils avaient pu ainsi l'aménager relativement facilement avec leur premier mobilier.

En revanche, la pièce qu'ils voulaient consacrer à la salle à manger, séparée du salon par la cuisine, était quasiment nue. Le mobilier de style ancien dont disposaient Laurence et Frédéric n'était pas du tout adapté, du moins en l'état, et donnait l'impression d'un appartement d'un autre âge : une jolie petite table ronde en bois (avec une toile cirée !), des chaises de bistrot dépareillées, un vaisselier ainsi qu'une belle commode de famille qui n'avait pas trouvé de place ailleurs. Cet ensemble était mélangé au salon dans l'ancien appartement et avait alors par la force des choses moins de visibilité.

L'élément le plus esthétique, outre la cheminée en marbre, était un magnifique miroir vénitien offert par des amis comme cadeau de mariage au jeune couple... et qui se trouvait suspendu à une cimaise par deux tiges métalliques, au dessus de la cheminée. En bref, une configuration pas très festive !

« Je veux une salle à manger comme Maman... mais pas comme Maman l'aurait décorée ! » Ainsi peut-on résumer la demande de Laurence, qui a fait appel à moi car elle voulait créer un endroit convivial pour recevoir ses amis, mais n'avait pas d'idées suffisamment précises, à part changer sa table ronde de famille pour une grande table rectangulaire et sortir du modèle conventionnel des dîners de •••

Comme c'est souvent le cas, c'est d'abord par l'habillage des murs que je cherche à donner une véritable personnalité à une pièce.

• • • ses parents. Elle souhaitait que la salle à manger, même dans cette configuration isolée, devienne une pièce à vivre où l'on se sentirait bien au quotidien, où elle pourrait venir tous les jours mais pas forcément pour y manger, peut-être juste y lire son courrier. Laurence hésitait aussi un peu à se séparer de ses vieux meubles... Mais je sentais qu'il ne fallait pas grand-chose pour la pousser dans ses retranchements et faire évoluer le style de son intérieur.

HABILLER LES MURS

Il me semble en effet que c'est l'univers mural qui doit justifier le choix du mobilier, et non l'inverse.
En l'occurrence, j'avais une conviction première : **il fallait trouver une mise en scène pour valoriser le miroir vénitien** d'une manière tout à la fois percutante et inhabituelle. Par ricochet, il fallait **donner vie au mur lui faisant face**, qui était d'ailleurs la première chose que l'on voyait en entrant.

Concernant le miroir vénitien, il était primordial de l'accrocher plus efficacement, avec des crochets bien posés et surtout bien cachés. Mais pour le mettre en scène, il fallait trouver une solution forte. Aussi, j'ai eu l'idée de travailler la superposition des miroirs, mais pas simplement en en ajoutant un grand au-dessous mais plutôt en créant comme un mur de miroirs sur lequel viendrait se poser le miroir vénitien. Rien ne pouvait être plus contraire à ce dernier que ces carrés de miroirs industriels, qui se collent avec du double face dans des salles de bains basiques. La superposition des deux styles, par le contraste entre le cadre baroque d'une part, les lignes verticales et horizontales d'autre part, m'a paru immédiatement une bonne idée déco. Je ne l'avais jamais appliquée auparavant, mais

C'est pour moi l'exemple typique d'une solution radicale qui entraîne les propriétaires beaucoup plus loin qu'ils ne l'auraient imaginé au départ.

elle m'a semblé un bon moyen de marier audacieusement l'ancien et le moderne.

L'axe de départ étant la cheminée, les miroirs carrés sont collés à même le mur (attention d'avoir un mur bien droit !), ils occupent toute la longueur de la cheminée et ce sur toute la hauteur du mur. Au moment de marquer l'emplacement du miroir vénitien j'ai eu envie de le décentrer par rapport à l'ensemble, afin d'éviter trop de symétrie mais aussi des découpes longues et périlleuses. Laurence et Frédéric ont tout de suite adhéré (c'est le cas de le dire !) et même la position décalée du miroir n'a pas perturbé la rigueur de Laurence.

ELISE ESCUDIÉ

Diplômée de l'Ecole Camondo en 1998, Elise Escudié, architecte d'intérieur et designer, a réalisé des aménagements pour des particuliers, ainsi que pour des boutiques telles que Naf-Naf ou des bureaux d'entreprises comme ceux de Canal+. Elle a également collaboré sur différents projets de design avec les agences de Christophe Pillet et d'Andrée Putman. Outre ses activités de chef de projet ou de conceptrice de mobilier, son travail l'a également orienté vers la création graphique : conception d'identités visuelles, de signalétiques, ou encore de décorations murales comme celles imaginées pour Walldesign, dans lesquelles elle a su conjuguer avec talent poésie et technologie.

LE CHOIX DES DÉCORATIONS ADHÉSIVES

Avec sept troncs de bouleaux répartis sur toute la longueur du mur, l'illusion de forêt apporte à celui-ci une profondeur qui transforme la pièce. En outre, les teintes que j'ai choisies dans des tons vifs et chaleureux (orange, rose, rouge, violet...) permettent de créer des touches de couleurs en harmonie avec les goûts de Laurence, mais de manière subtile, presque impressionniste, car elle ne voulait rien de chargé. Un impressionnisme des années 2 000 en quelque sorte !

ARBRES GRAPHIQUES POUR FORÊT DOMESTIQUE

Pour le mur faisant face à notre installation, une autre négociation allait s'engager. En effet Laurence ne voulait pas entendre parler de peinture ni de papier peint. N'ayant pas l'habitude de respecter à la lettre ce type de consignes j'ai eu immédiatement l'idée d'utiliser des décorations adhésives afin d'apporter de la chaleur dans cet espace. Je me suis alors souvenu d'un modèle imaginé par l'architecte d'intérieur Elise Escudié et intitulé « Forêt domestique », que j'avais repéré à la boutique WallDesign. Cette petite forêt pour l'intérieur est un travail sur la verticalité qui permet de structurer l'espace dans une respiration poétique. Les formes sinueuses et naturalistes des silhouettes contrastent avec le traitement numérique de l'écorce, pour un résultat graphique qui allie parfaitement lignes pures et pixels.

DES DESIGNERS AUTOUR DE LA TABLE

L'élément nouveau et central est bien sûr la table. Ici, nous avons tiré partie d'une découverte chinée par Laurence et Frédéric pendant leurs vacances dans le Sud en flânant dans une brocante, juste avant que je finalise le relooking. Je me souviens encore de leur appel, ils étaient presque gênés de faire leur propre proposition. Évidemment comme j'ai l'habitude de le faire j'ai sauté sur l'occasion pour les encourager à acheter la table « de leurs rêves », non sans l'avoir validée (vive la fonction photo sur les téléphones portables !). Ces initiatives impromptues des propriétaires sont fréquentes, elles font parties du processus de redéfinition de l'espace qui génère chez les habitants un besoin de participer. Il est toujours essentiel d'en tenir compte tout en sachant les canaliser, afin que le décorateur ne se contente pas de faire de la figuration et d'être... décoratif.

La table

La table choisie est de forme rectangulaire et en structure d'aluminium, son modèle est inspiré par le designer Jean Prouvé (nous n'avons pas réussi à retrouver la référence exacte du modèle original). Le seul hic, c'est qu'elle était vendue avec un plateau en plexiglas orange que je n'ai découvert qu'à la livraison. Nous avons réfléchi à la possibilité de le garder de différentes manières : soit seul, mais là on se serait cru dans le décor de l'Ile aux enfants, ou bien recouvert d'une toile cirée blanche coupée exactement aux dimensions du plateau (j'insiste sur exactement), alternative beaucoup plus neutre que le plexiglas orange vif.

Cependant, **la solution idéale que nous avons finalement adoptée a été de** ...

JEAN PROUVÉ

Jean Prouvé (Paris 1901 - Nancy 1984), architecte et designer, fils de l'ébéniste art nouveau Victor Prouvé. En 1954, Jean Prouvé participe avec Charlotte Perriand à l'appel qui est lancé pour l'ameublement de la Résidence universitaire Jean Zay à Antony.
Il obtient la commande de mobilier pour les salles communes, les restaurants et une partie des chambres. Ses réalisations – bibliothèques, chaises, lits « Antony », bureaux « Compas » – sont exemplaires et figurent aujourd'hui parmi les meubles les plus cotés du 20ème siècle.

••• **faire découper un plateau en verre Securit**, là aussi aux dimensions exactes de la table. Cette option apporte toute la transparence nécessaire à la table pour ne pas s'imposer dans la pièce et met en valeur sa structure métallique et ses pieds si particuliers.

Les chaises

Quelles chaises pouvait-on installer autour de cette table ? J'ai opté pour garder le principe du dépareillé si cher à Laurence, mais un dépareillé beaucoup plus chic que ses sièges de départ. Je lui ai tout d'abord proposé la Standard Chair créée par Jean Prouvé (toujours éditée par Vitra), qui allait parfaitement ici puisqu'elle a le même galbe de pied que la table : même si elle est en bois et la table en aluminium, le mariage aurait été parfait. Mais un des points que je devais respecter impérativement était de tout entrer dans le budget – or, le prix de cette chaise ne le permettait pas. Aussi j'ai proposé à Laurence et Frédéric un mélange à la fois moins coûteux et plus inattendu :
le modèle Mademoiselle designé par Philippe Starck pour Kartell, avec sa structure en polycarbonate transparent et son assise en tissu imprimé fleuri noir et blanc édité par Missonni, très graphique, toujours en poursuivant l'idée d'une nature stylisée ;
et un modèle moins haut de gamme mais également percutant, la chaise Tolix éditée par La Redoute (AM-PM), que l'on voit surtout

dans les bars en tôle brute galvanisée ; ici, avec une finition laquée epoxy rouge, elle pouvait apporter une note particulièrement énergique tout en restant au diapason avec l'ensemble. La disposition des chaises autour de la table met en valeur la disparité des deux modèles. On aurait pu aussi rompre encore plus la symétrie en mettant un banc du côté de la « forêt domestique », mais c'était évidemment moins confortable pour les dîners.

Le rangement

Côté rangement il ne me paraissait pas envisageable de conserver le buffet initial, dont le style ne correspondait plus au nouveau décor. J'ai recherché le modèle le plus simple, le moins présent et le plus blanc possible. Il était donc nécessaire que nous modérions les éléments complémentaires, afin de ne pas se retrouver dans un endroit étouffant et mal équilibré. Le buffet retenu, que j'ai trouvé chez Fly à un prix on ne peut plus abordable, répond à ces critères, de plus j'ai pu me permettre d'en mettre deux pour donner l'impression de grand buffet bas. En revanche, la commode ancienne se fond sans problème dans le nouvel ensemble et ce surtout dans l'alignement de notre forêt de vinyles adhésifs colorés.

DES ÉCLAIRAGES POUR DES DÎNERS RÉUSSIS

Pour l'éclairage, c'est surtout moi qui avais un objectif précis : la réussite des dîners dépendait en effet des luminaires !

Au plafond, il y avait bien une arrivée électrique qui ressortait de la rosace centrale, mais je ne me voyais pas me limiter à une seule suspension, la table en méritait bien deux. J'ai donc eu l'idée de **faire partir du centre deux câbles électriques qui alimenteraient deux suspensions réparties de part et d'autre de la rosace**. Nous sortions encore une fois des sentiers battus en déstructurant les codes habituels. Arrivé là, nous pouvions aller encore plus loin, et j'ai donc proposé à Laurence de mettre deux modèles différents de suspensions : un modèle type abat-jour pour plafond rond avec des motifs oranges de chez Home Autour du Monde pour rappeler les vinyles et un modèle parfaitement transparent de chez Ikea. C'est d'ailleurs ce dernier que j'ai dupliqué en lampe de table, posée sur la commode ancienne. Mais si cette dernière lampe a été conservée, Laurence a finalement opté pour deux suspensions identiques – c'est le seul « retour en arrière » que j'ai toléré ici ! Il faut dire qu'il s'agit d'un modèle au design très pur, Gé, signé Ferrucio Laviani et édité par Kartell. Son ample abat-jour à effet plissé rappelle par son matériau (du polycarbonate chromé argent) les miroirs au-dessus de la cheminée ainsi que le métal des pieds de la table.

Pour le soir j'ai conseillé à Laurence d'**ajouter des bougeoirs en verre de différentes hauteurs afin de tamiser la lumière**. Le verre est un très bon vecteur et la transparence avec la table est vraiment du plus bel effet. Elle peut ainsi démarrer un début de soirée assez éclairé et en cours de repas passer à quelque chose de plus tamisé avec les bougies et la lampe à poser. Il ne faut pas oublier le variateur qui a pris la place de l'interrupteur des suspensions, pour offrir encore une fois plusieurs intensités de lumière.

LES IDÉES DÉCO

Ici la forte idée déco concerne les miroirs. Pour faire ressortir un miroir ancien, **ne pas hésiter à superposer différents styles** : ici, plusieurs miroirs modernes basiques sous un très beau de style ancien pour le mettre en valeur. Cela donne du cachet à la pièce.

Opter pour la table en verre nous a permis d'en choisir une plus grande pour accueillir plus de convives.

Choisir des luminaires appropriés : par exemple ici, **deux suspensions**, au lieu d'une centrale, donnent plus d'ampleur à la pièce et rétablissent l'équilibre avec la table.

Penser à utiliser le vinyle adhésif comme un papier peint.

Pour un meilleur confort et pour recevoir plus de convives, **multiplier vos chaises.**

SHOPPING

Vous trouverez les objets cités dans ce relooking dans les magasins suivants :

WallDesign – *www.walldesign.fr*
La Redoute – *www.laredoute.fr*
Kartell – *www.kartell.it*
Fly – *www.fly.fr*
BHV – *www.bhv.fr*
Ikea – *www.ikea.fr*
Home Autour du Monde – *www.autourdumonde.com*
Vitra – *www.vitra.com*

« La lumière est vivante »

Véronique Thouvenin, directrice de la communication de la SAFI.

La SAFI est notamment l'organisateur du salon professionnel Maison et Objet. Elle dirige également l'Observatoire des Tendances de ce salon, croisement de points de vue et d'expertises de journalistes, tendanceurs, consultants... Cet observatoire « respire » l'air du temps à l'affût des moindres courants et émergences, les décrypte et les analyse au sein de cahiers d'inspiration bi-annuels, pour anticiper les envies de style, de matière, de forme et de couleur dans nos intérieurs ou dans les espaces collectifs. Parmi ces émergences, la lumière en pleine mutation, prend une importance souveraine et devient le nouveau luxe indispensable aujourd'hui.

La lumière et les objets lumineux font entrer la poésie et la vie dans une maison.

Quelle évolution avez-vous perçue dans le travail sur la lumière ?

D'abord une évolution technologique. Des écrans lumineux à suspendre comme des tableaux, des DVD que l'on va passer sur son écran LCD ou des video-projections pour animer un mur et sur lesquelles on va interagir en fonction de l'ambiance voulue. Également l'utilisation de sources qui consomment moins d'énergie. Néons et halogènes, forts consommateurs d'énergie sont quasiment proscrits. On gardera les néons de couleur fluo pour donner une touche un peu pop à l'espace. La miniaturisation de sources nouvelles comme les leds, donne une grande liberté aux designers, de l'infiniment petit et immatériel à l'infiniment grand sur des murs, des plafonds, toutes surfaces dans lesquelles elles sont intégrées. Et puis, des luminaires qui peuvent se moduler en fonction de son humeur, s'allumer par une pression du doigt, se balader dans toutes les pièces, ou se basculer comme la lampe Melampo d'Adrien Gardère pour Artemide.

> Doser la lumière dans un intérieur s'avère un exercice très minutieux nécessitant de la précision. C'est vraiment une alchimie tout à fait particulière.

On prévoira suffisamment de prises électriques pour pouvoir déplacer les luminaires à l'envi mais aussi l'automatisation des éclairages ou la commande à distance. Nous avons vu également apparaître sur le salon des luminaires atypiques voire des objets lumineux, sièges, coussins, textiles, dont on ne sait plus si ce sont des objets ou des luminaires, autant de sources de lumière indirecte... Des ponctuations lumineuses : des lumières disposées au ras du sol à l'image d'un chemin de petits cailloux blancs, qui éclairent un meuble par en dessous, qui sont intégrées dans un mur, qui devient luminescent sans que l'on perçoive la source... La lumière devient architecture et son utilisation est totalement repensée. Dans la salle de bains, qui est une pièce extrêmement importante aujourd'hui et qui synthétise de multiples attentes, il y a un aspect utilitaire : on veut voir ce que l'on y fait (lire dans son bain, se maquiller...). Mais il y a aussi une dimension de bien être : lorsqu'on a envie de se relaxer dans un bain, on souhaite une lumière beaucoup plus douce, tamisée voire des bougies. Ces réflexions peuvent bien entendu se transposer dans les autres pièces de la maison, la cuisine, le salon... Une attention est également portée au luminaire éteint. On présente souvent un luminaire éclairé donc magnifié et très séduisant, mais qu'en est-il une fois ce luminaire éteint ? Ne devient-il pas banal, voire pas du tout adapté à l'environnement ? Va-t-il être aussi beau ? D'où une importance nouvelle donnée à cette dualité.

En termes de design et de déco ?

Aujourd'hui, le lustre, et les suspensions en général, reviennent en force comme élément architectural qui va théâtraliser une ambiance. L'évolution de cet élément – le lustre, considéré récemment encore comme classique, pompeux et dépassé – est tangible. Il a fait l'objet d'un travail tout à fait particulier de nombreux designers et est aujourd'hui utile, certes mais également purement décoratif. On peut aussi parler du travail sur l'éclairage de l'entrée. Ce sas de décompression entre l'intérieur et l'extérieur doit donner l'ambiance de la maison dans laquelle on va pénétrer. C'est la « première impression » qui donnera le ton. Doser la lumière dans un intérieur s'avère un exercice très minutieux nécessitant de la précision. C'est vraiment une alchimie tout à fait particulière.

Ces trois dernières années, il y a eu également une attention portée sur la lumière et la couleur. Je pense au créateur Hilton McConnico qui utilise souvent une lumière rose dans ses scénographies parce que dit-il « ça rend les femmes belles ». On trouve donc des luminaires avec des reflets miroirs, métallisés. Tout cela a complètement changé la perception de la lumière, de l'ombre projetée tout autour, de la transparence des matériaux utilisés : comment la lumière entre-t-elle en résonance avec son environnement ? Par exemple, quand on observe les rayons de lumière diffusés par le totem de Mat&Jewski (voir p. 101), on comprend aisément comment cet objet peut changer un espace et le ré-enchanter.

La lumière est-elle devenue une matière ?

La lumière et les objets lumineux font entrer la poésie et la vie dans une maison. J'adore le travail d'Ingo Maurer (voir p. 70), imaginaire, ludique, c'est un vrai magicien de la lumière. **Pour moi, la lumière est vivante, c'est une présence symbolique**. Tous les enfants y sont très sensibles. Ils choisissent l'éclairage de leur chambre et « adoptent » un luminaire, qui souvent raconte une histoire, comme le Fantôme, designé par Philippe Daney pour Ligne Roset ; l'enfant le considère vraiment comme un personnage. À leur image, c'est comme si on adoptait un objet lumineux ou un luminaire qu'on aura plaisir à regarder souvent et qui sera comme un compagnon de route. Un ami qui veille sur nous.

09 Une chambre et une salle de bains de rêve

1 adulte 50 m² 23 k€

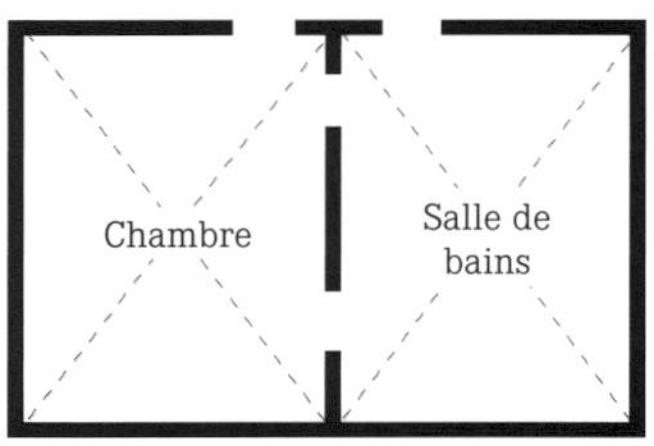

IL S'AGIT ICI DE RELOOKER UNE CHAMBRE DE 25 M² ET UNE SALLE DE BAINS ATTENANTE DE LA MÊME SURFACE, SÉPARÉES PAR DEUX PORTES COULISSANTES.

GROS PLAN SUR LA PROPRIÉTAIRE

Julia, jeune femme de 38 ans, venait d'emménager dans un grand appartement parisien avec sa fille âgée de trois ans. Styliste, ayant créé ses collections de prêt-à-porter de luxe, Julia est également passionnée de design. Elle a donc recherché pour son appartement, notamment pour son salon, des meubles et des objets d'exception.

Cependant, pour sa chambre et sa salle de bains, elle désirait un univers encore plus personnel : un espace qui lui ressemble, à la fois extrêmement féminin, sophistiqué et friand de technologie. L'homme franchissant ce territoire n'avait qu'à s'adapter... ou demeurer à la frontière. Aussi, lorsqu'elle m'a demandé d'intervenir, Julia a placé d'emblée la barre très haut : parfois, le manque de budget est un élément à prendre en compte, mais, dans ce cas, je me trouvais presque dans la situation inverse, car la propriétaire était prête à assumer un budget conséquent, pourvu qu'elle ne soit pas déçue à l'arrivée !

Ce paramètre qui pouvait sembler au premier abord confortable était néanmoins tempéré par un autre : Julia m'a expliqué avoir horreur du vide, et être toujours tentée de surcharger son lieu de vie d'œuvres d'art et de gadgets pas forcément indispensables. J'avais donc pour mission de la freiner, afin de préserver des moyens pour d'autres investissements nécessaires à son appartement, mais également afin d'éviter des assemblages trop touffus et incohérents. Je devais donc l'aider à garder le cap au milieu de ses envies et de ses coups de cœur.

Je devais l'aider à garder le cap au milieu de ses envies et de ses coups de cœur.

UNE CHAMBRE COMME UN TABLEAU, UN TABLEAU DANS UNE CHAMBRE

Pour l'aménagement de la chambre de Julia, nous sommes partis... de l'ensemble complet composé d'un lit, de deux fauteuils et d'une commode qu'elle avait déjà acheté, et qu'elle conservait dans un garde-meuble avant son installation. Il s'agissait d'une série éditée par Paul Smith, dont le tissu est une impression photographique figurant un amoncellement de galets. Ce beau mobilier, très original, n'était cependant pas évident à mettre en valeur. Il pouvait évoquer l'exubérance des paysages de Dali, et le risque était grand d'aller encore plus loin dans cette direction, avec l'espoir de trouver une harmonie dans l'extravagance baroque.

Julia ne voulait pas de peinture mais des papiers peints pour les murs de sa chambre. Aussi, il m'a semblé indispensable de **trouver un papier reprenant le gris de l'impression des mobiliers**, mais le **rehaussant par une autre couleur**, chaude et féminine celle-là, qui le compléterait subtilement. Mon objectif était également de **souligner le caractère zen et reposant du motif des galets**, et de composer un **univers apaisant**. Nous avons recherché un papier peint dans de multiples boutiques spécialisées, mais sans succès, et en dernier recours, nous nous sommes rendus au BHV. En fait, malgré mes a priori infondés, rien

LE CHOIX DU PAPIER PEINT

Un choix judicieux de papier peint consiste à sélectionner dans un catalogue aux gammes variées des motifs en parfaite harmonie avec l'ambiance que l'on souhaite donner à la pièce. Partant du gris et du fuchsia par exemple, le choix s'est porté sur différents types de papier : un damier, des rayures et des grands aplats de couleur. Ce mélange, s'il est bien mis en valeur permet de dynamiser la pièce et de connoter parfaitement la fonction de chaque mur. Par ailleurs, ce choix permet de respecter les volumes et de ne pas étouffer l'espace.

de tel qu'un grand magasin de bricolage et de décoration pour dénicher d'agréables surprises : en effet, le catalogue des papiers peints était particulièrement diversifié, en gammes de prix comme de styles. La série de papiers peints que nous avons retenue remplissait les conditions requises grâce à la prééminence du fuchsia, déclinée selon trois modalités différentes : un savant damier composé de gris souris, de blanc et de rose pâle ; des rayures mélangeant les mêmes coloris ; et des unis permettant de créer de grands aplats de couleur entre des motifs travaillés.

L'emplacement du lit avait déjà été déterminé avec Julia : le conduit de cheminée, qui ressortait de manière évidente et qui était protégé des énergies de la fenêtre et de la porte, était idéal pour positionner la tête de lit. À partir de là, j'ai ensuite choisi pour les murs de la pièce la disposition des différents éléments de cette série, en retenant pour la tête de lit le motif le plus spectaculaire, celui en damier, et pour le côté droit du lit, le motif à rayures.

Avant de poser les lais, nous avons fait mettre du parquet (à la place de la moquette d'origine) et **le sol a été traité sur place en gris teinté**, afin qu'il ne crée **aucune rupture avec la nouvelle atmosphère visuelle**. Par ailleurs, j'ai fait poser des étagères dans le renfoncement situé à gauche de la tête de lit. J'ai opté pour du verre fumé plutôt • • •

• • • que pour du bois, afin d'alléger le plus possible cet aménagement réalisé sur mesure par un miroitier, permettant de ranger des livres, des photographies et de menus objets.

Quant aux fenêtres, des filtres statiques les habillent et protègent du vis-à-vis.

En ce qui concerne l'éclairage, la hauteur sous plafond de la chambre permettait d'accrocher une suspension – mais surtout pas au-dessus du lit, ce qui est particulièrement déconseillé pour le sommeil ! J'ai donc placé, à droite du lit, un luminaire très élégant et contemporain, acheté au Bon Marché. Il s'agit d'un lustre en cristal entouré d'un cylindre réfléchissant, semi translucide, qui apporte une dimension féerique à la pièce.

Il restait à compléter le mobilier et l'accessoirisation. Nous avons trouvé une table de nuit et une desserte sur roulettes (modèles de l'éditeur italien Tagliabue, diffusés par Har Design), toutes deux dans une teinte fuchsia et tout en rondeur, avec leurs tiroirs qui s'ouvrent comme des pétales. Pour les lampes de chevet, j'ai opté pour d'élégantes lampes en aluminium « Kelvin T » dessinées par Antonio Citterio et éditées par Flos, posées à même le sol. Autour de la commode, deux chaises roses, achetées (en douce...) chez Silvera par la propriétaire, sont venues s'intégrer parfaitement à l'ensemble – si vous vous étonnez du nombre d'assises, il faut vous dire que Julia adorait cette ambiance de salon, même si elle ne recevait pas dans sa chambre. Et sur le lit, les coussins allant avec le mobilier Paul Smith ont été mêlés avec des coussins roses.

Enfin, trois éléments imposants ont été mis en place comme de grands tableaux : un

miroir monumental à l'encadrement fuchsia (diffusion Paul Smith également, mais acheté après le mobilier) positionné à gauche du lit, un écran plasma placé en face de ce dernier, ainsi qu'un superbe tableau argenté d'inspiration cubiste, représentant la Tour Eiffel, fixé au milieu de la tête de lit. Il est en réalité composé de photographies, découpées en lamelles recomposées et subtilement incrustées de miroirs.

Cela vous aura peut-être sauté aux yeux : la chambre ne comporte aucun rangement. En effet, en face de la pièce, de l'autre côté du couloir dont on aperçoit la tapisserie déconcertante, Julia a transformé un bureau en dressing...

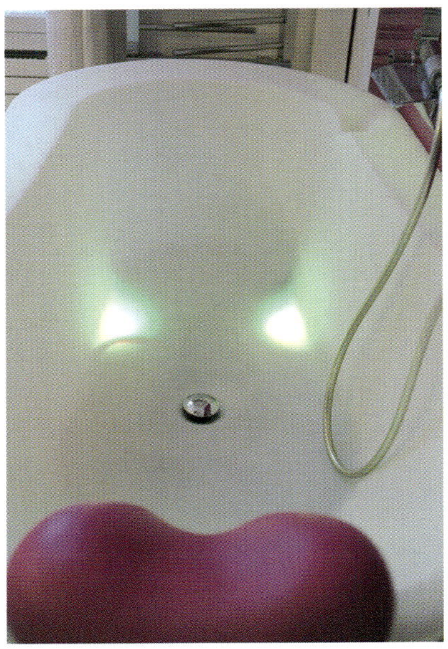

DANS UN BAIN DE COULEURS ET DE TECHNOLOGIE

La salle de bains était déjà aménagée lors de l'achat de l'appartement, et pas de n'importe quelle façon : douche, baignoire et WC dessinés par Philippe Starck, grand lavabo avec vasque en verre, sol de galets, ciment lissé au-dessus du lavabo et de la baignoire. Et pourtant, par rapport à la nouvelle décoration imaginée pour la chambre, la pièce paraissait terne et inachevée. Un comble pour une salle de bains dont les caractéristiques feraient pâlir d'envie un grand nombre de citadins !

La première décision que nous avons prise, particulièrement radicale, a été de changer la baignoire (malgré tout le respect dû à Philippe Starck !). J'ai suggéré en effet à Julia un modèle pour lequel elle a littéralement « craqué », et on la comprend : une baignoire éclairée de l'intérieur, créée par le designer Jan Puylaert, et intitulée tout simplement « Light » (diffusion WorldStyle Design). En polyéthylène blanc transparent, elle comporte un système lumineux LED intégré et elle change de couleur de manière aléatoire ou au gré de nos humeurs – ce qui permet de bénéficier chez soi, dans un bain relaxant, d'une véritable séance de « chromothérapie » : pour moi, c'est assurément la baignoire du 21ème siècle (que tout le monde aura au 22ème...).

Au-dessus du lavabo et de la baignoire, j'ai suggéré de **transformer les rectangles de ciment lissé en les recouvrant d'une laque de couleur fuchsia, en conformité avec la chambre**, ce qui adoucit considérablement la pièce. Toujours pour le traitement des murs, nous avons choisi ensemble pour le mur principal et le mur de la porte un papier peint très graphique, un poil psychédélique, dans un dégradé de gris (là aussi trouvé au BHV).

Comme pour la chambre, j'ai pu décliner facilement le mobilier complémentaire et l'accessoirisation, pour rester dans la même ligne luxueuse et très élaborée. Pour les meubles, Tagliabue s'est avéré là aussi particulièrement adapté, avec d'une part trois meubles de rangement argentés au design futuriste, que nous avons pu faire peindre dans les couleurs de notre choix – avec un fond fuchsia qui leur confère la féminité qui leur manquait ; et d'autre part, un meuble bas conçu sur mesure après l'avoir commandé chez Har Design, qui vient se placer précisément au-dessous de la vasque du lavabo, aux dimensions exactes de cette dernière. Issu du même éditeur, le tabouret permettait à la propriétaire de passer de manière confortable un temps aussi délectable qu'infini à sa toilette (inutile de dire que c'est Julia qui souhaitait cette assise).

Dans le droit fil de l'aménagement de la chambre, j'ai donc travaillé dans la direction suivante : apporter à la salle de bains de la couleur, du graphisme et de la technologie, afin de lui enlever toute froideur rectiligne.

> Comme pour la chambre, j'ai pu décliner facilement le mobilier complémentaire et l'accessoirisation, pour rester dans la même ligne luxueuse et très élaborée.

Au mur, un radiateur sèche-serviette en métal chromé (WorldStyle Design) répondait aux deux miroirs déstructurés (Har design) qui habillaient la pièce : le principal au-dessus du lavabo, rehaussé par deux appliques métalliques carrées diffusées par Lumières et Concept ; le second, encore plus inattendu, fixé avec espièglerie au plafond juste au-dessus de la baignoire, selon l'idée de Julia qui une fois de plus avait commandé ce modèle supplémentaire en cachette.... À côté du lavabo, un écran plasma lui permettait de regarder la télévision, et surtout de consulter le canal relié à la caméra de la chambre de sa fille tout en prenant son bain.

Enfin, pour parachever cette symphonie miroitante de luxe, j'ai suggéré une suspension trouvée chez Conran shop, alignement de pampilles qui conjugue la sobriété contemporaine avec la tradition du lustre en cristal.

L'harmonie qui règne entre les deux pièces, la chambre et la salle de bains, ainsi que les portes coulissantes qui les séparent font respirer les deux surfaces. L'espace, que l'on voulait à tout prix éviter d'encombrer, est parfaitement respecté. Enfin, l'unité donnée aux deux pièces permet une continuité indispensable. Le choix de tonalités à la fois zen et animées est adapté non seulement aux fonctions souhaitées (à savoir le sommeil, la détente et le bien-être) mais répond parfaitement à la personnalité dynamique de la propriétaire... Une ambiance qui fait rêver pour une chambre et un luxe plus qu'attrayant pour une salle de bains... de rêve !

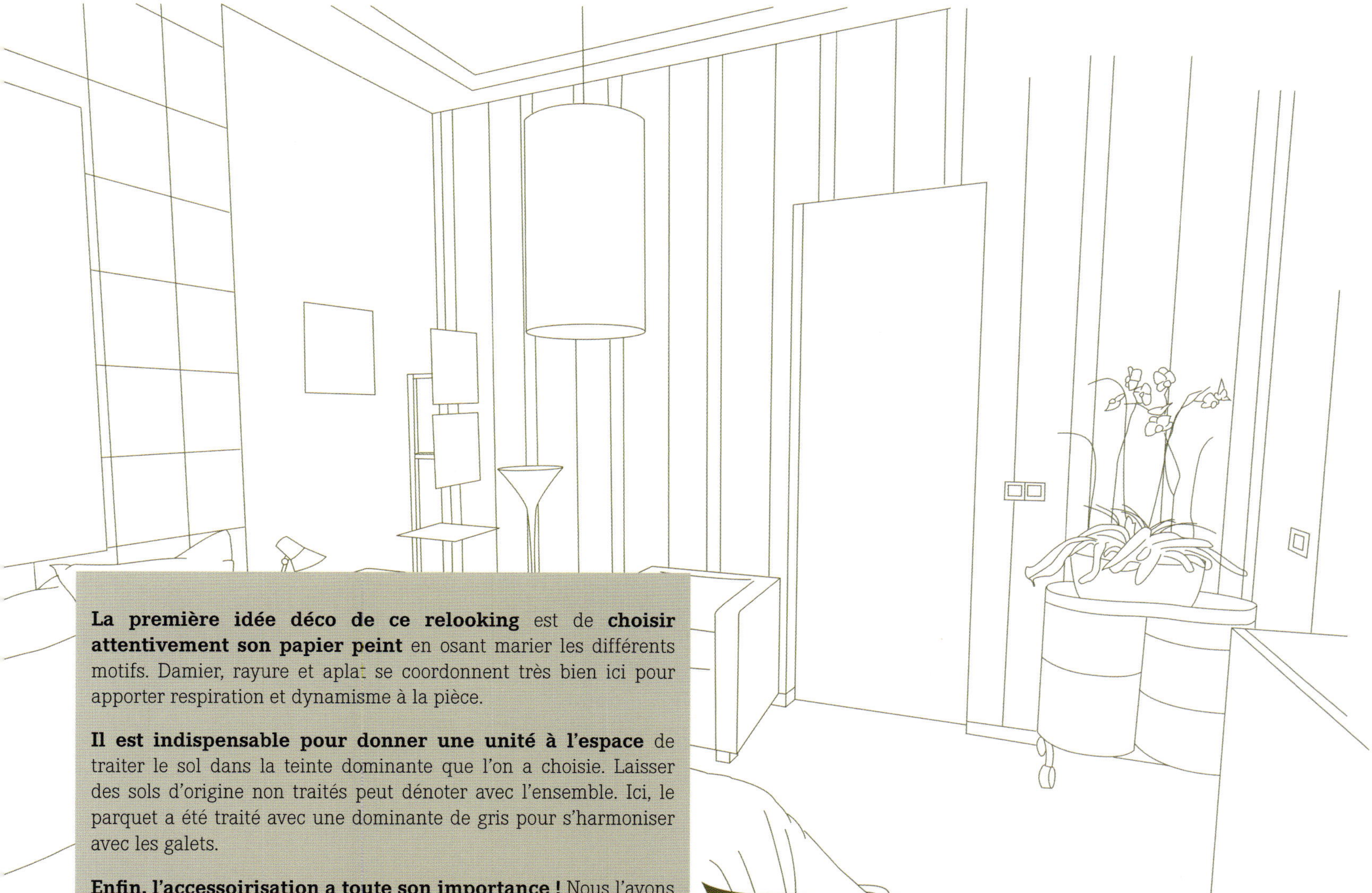

La première idée déco de ce relooking est de **choisir attentivement son papier peint** en osant marier les différents motifs. Damier, rayure et aplat se coordonnent très bien ici pour apporter respiration et dynamisme à la pièce.

Il est indispensable pour donner une unité à l'espace de traiter le sol dans la teinte dominante que l'on a choisie. Laisser des sols d'origine non traités peut dénoter avec l'ensemble. Ici, le parquet a été traité avec une dominante de gris pour s'harmoniser avec les galets.

Enfin, l'accessoirisation a toute son importance ! Nous l'avons déjà souligné, rappeler une teinte en ajoutant des coussins de couleur similaire, en optant pour du mobilier de la même teinte ou en agrémentant de cadres dans les mêmes tonalités est indispensable. Pour une accessoirisation optimale, vous pouvez également investir dans un écran plat ou une baignoire éclairée... de la déco au service du bien-être (et inversement) !

LES IDÉES DÉCO

SHOPPING

Vous trouverez les objets cités dans ce relooking dans les magasins suivants :

BHV – *www.bhv.fr*
Bon Marché – *www.lebonmarche.fr*
Har Design – *www.hardesign.fr*
Silvera – *www.silvera.fr*
Paul Smith – *www.paulsmith.co.uk*
WorldStyle Design – *www.worldstyle.com*
Conran Shop – *www.conranshop.co.uk*
Flos – *www.flos.com*

10 Vivre et travailler dans le même espace

1 adulte 30 m² 2,3 k€

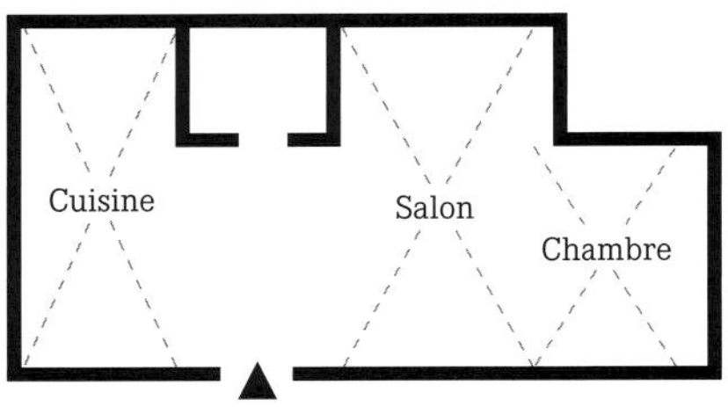

Le studio comprenait une cuisine américaine, un coin salon avec alcôve, un coin chambre et une salle de bains.
Les pièces à relooker ici étaient le coin salon et le coin chambre.
À noter que je ne devais pas intervenir sur la cuisine, ni sur la salle de bains.

GROS PLAN SUR LE PROPRIÉTAIRE

Frédéric, âgé de 34 ans, jeune chef d'entreprise d'une agence de communication nouvellement créée et en plein essor, venait de s'installer au cœur du très prisé quartier Montorgueil à Paris, dans un charmant studio de 30 m² environ, situé sous les toits. Celui-ci comprenait : **une cuisine américaine, un coin salon avec une alcôve, un coin chambre.**

Le charme de cet appartement était dû à plusieurs facteurs : sa lumière apportée par plusieurs fenêtres de type Velux percées dans les murs ou le plafond ; son escalier intérieur donnant sur le coin salon ; et, surtout, son volume et sa configuration accidentée. Toutefois, la couleur des murs du salon était un joli mauve... Quant aux accessoires de décoration, ils oscillaient entre le baba-cool et le kitsch (tapis violet, coussins kaki, dessus-de-lit indien...).

Hormis ses rendez-vous à l'extérieur, Frédéric exerçait son activité professionnelle à domicile. Il désirait faire de son appartement un espace personnel où travailler serait également un plaisir. Frédéric aimait en outre recevoir chez lui quelques-uns de ses amis ou clients pour y passer des moments conviviaux, loin des restaurants « clichés », bruyants et souvent sans âme. Son cahier des charges était simple et il tenait en deux mots : « structurer » et « masculin ». Il voulait, d'une part, que soient mieux identifiées les différentes parties, notamment sa chambre ; et, d'autre part, que son appartement soit davantage le reflet de sa personnalité, à la fois posée et affirmée. Mais plus facile à dire qu'à réaliser...

En effet, on ne peut pas toujours faire des miracles dans un petit espace. La flambée des prix du logement dans Paris conduit de nombreux trentenaires sans enfants à • • •

La flambée des prix du logement dans Paris conduit de nombreux trentenaires sans enfants à se contenter des mètres carrés disponibles plutôt qu'à déménager dans des villes de banlieue... Mais plus on s'installe dans la vie, plus les aspirations au bien-être se font fortes...

UNE INSTALLATION HIGH TECH

Un réseau wi-fi est installé ainsi qu'une borne Airport (routeur) pour permettre au Media center (l'ordinateur central) de gérer le pôle multimédia de l'appartement qui connecte tous les éléments informatiques et hi-fi ; il peut ainsi récupérer de la musique sur l'ordinateur portable et la diffuser sur la chaîne hi-fi. À l'inverse, le travail est facilité entre l'ordinateur fixe Mac G5 et l'ordinateur portable, et tout cela sans fil. Pour regarder la télévision le tuner TV analogique EyeTV 600 est connecté au G5 et remplace facilement un poste de télévision. Vous n'avez pas tout compris ? Je ne vous en voudrais pas ! Disons pour résumer que la technologie, en créant de la polyvalence dans l'équipement, a aussi cet avantage qu'elle permet un repos visuel et un réel gain d'espace...

• • • se contenter des mètres carrés disponibles plutôt qu'à déménager dans des villes de banlieue (d'ailleurs à peine moins chères), quitte à investir davantage dans la qualité de leur intérieur. Mais en même temps, plus on s'installe dans la vie, plus les aspirations au bien-être se font fortes. En tant que décorateur, je suis donc appelé à gérer ce type de contradictions entre désir et réalité, et pour cela, il me faut faire preuve d'imagination.

Il m'a paru d'emblée important de renforcer visuellement les fonctions de chaque partie de l'appartement, de façon à créer des séparations symboliques, et à donner l'impression d'avoir plusieurs pièces en une. Autrement dit : en finir avec le « studio d'étudiant ».

STRUCTURER SANS FERMER

Pour le coin salon et son alcôve, je lui ai proposé :

• **de repeindre non seulement les murs, mais encore le plafond** dans la même teinte en suivant ses contours accidentés pour une unité parfaite de l'espace ;

• **de rassembler et simplifier dans cette partie tout le matériel informatique**, qui jusqu'ici naviguait entre le lit et le canapé, se faisant de plus en plus envahissant, le tout relié par une multitude de câbles.

Pour le coin chambre, une mesure s'imposait : donner la possibilité de fermer cet espace le soir, pour la qualité du sommeil (afin de limiter la circulation des énergies pendant le repos, selon les principes de base du Feng Shui), et en journée, pour cacher un lit qu'on aurait « oublié » de faire ou des vêtements mal rangés, mais aussi et surtout, pour isoler l'espace personnel de l'espace professionnel.

Faire rimer technologie et sérénité

Frédéric en avait assez de travailler uniquement avec son ordinateur sur ses genoux ou à même le sol. Néanmoins, il voulait garder le principe d'un bureau mobile, synonyme pour lui de confort, le mouvement facilitant à ses yeux la réflexion et l'inspiration.

Aussi, je lui ai proposé une desserte informatique (modèle diffusé par Habitat), design et fonctionnelle, qui pouvait sans problème faire office de bureau principal tout en étant très facilement déplaçable au gré des besoins ou des envies. En principe, cette desserte a été conçue comme bureau d'appoint, mais heureusement pour lui, Frédéric fonctionnait quasiment sans documents papiers...

Cependant, pour faciliter le travail à la maison, autant pousser jusqu'au bout la logique de « start-up » (la prédominance de la technologie fait en effet de chaque habitation une véritable start-up en puissance !). C'est pourquoi un réseau wi-fi a été mis en place à partir d'une borne Airport Apple, qui permet de connecter tous les éléments informatiques et hi-fi de la maison à l'ordinateur central.
Cette technologie pouvait aussi contribuer à impressionner les clients ou amis de Frédéric, qui en oublieraient qu'il n'y avait pas de place pour une salle à manger. Enfin, Frédéric pouvait également chatter sur Internet depuis son lit (pas forcément pour travailler d'ailleurs...).

Masculin ne veut pas dire terne

Les couleurs de l'appartement ont été choisies pour développer un univers plus masculin et confortable à la fois. Pour les murs du coin salon, j'ai opté pour un rouge vermillon de chez Dulux Valentine. Peut-être vous direz-vous que cette couleur n'est pas considérée d'habitude comme « masculine ». Au vu du résultat, c'est pourtant elle qui précisément confère force et virilité à l'ensemble. En outre, cette teinte correspondait parfaitement au caractère énergique et passionné de Frédéric : j'ai pensé qu'il pourrait s'y ressourcer tous les jours à loisir sans s'en lasser. La peinture rouge a été posée sur les murs mais également en suivant les accidents du plafond, afin de mieux marquer encore la place de l'alcôve. Ainsi, dès l'entrée dans l'appartement, on est invité et guidé vers le canapé, centre névralgique de l'habitation.

Les encadrements de fenêtres ainsi que la niche ont été peints en gris perle pour adoucir le rouge tout en renforçant sa masculinité. La moquette a été elle aussi changée pour du rouge, toujours dans la logique d'unification de l'espace salon. À l'inverse, le reste des murs (cuisine et coin chambre) a été conservé en blanc, puisqu'ils relèvent d'une fonction différente.

COMPLÉTER, REMPLACER... OU RÉHABILLER LE MOBILIER EXISTANT

L'aménagement du salon a été maintenu dans ses grandes lignes, mais la banquette initiale (faite sur mesure) a été complétée par deux gros coussins accoudoirs et recouverte jusqu'au pied par un tissu de velours ras acheté au marché Saint-Pierre : en dessous, on n'a toujours qu'une planche, quatre pieds et un bloc de mousse on ne peut plus simples, mais au-dessus, on a ainsi l'impression d'un vrai canapé ! J'ai remis deux coussins en fausse fourrure qui étaient déjà là, et le tour était joué...

De même, j'ai remplacé les deux tapis violets par un tapis noir (Habitat), en gardant la forme ronde initiale, mais dans une dimension plus grande, afin d'éviter la perturbation de plusieurs éléments et créer une masse noire qui casse la prééminence du rouge. Le tapis a ainsi une fonction pratique (il est une assise au même titre que le canapé) et une fonction graphique, le rond venant en contrepoint des lignes géométriques de l'alcôve, de manière beaucoup plus structurée grâce au choc des couleurs.

Comme assise supplémentaire, j'ai suggéré une chaise en plastique noire (Habitat), aux formes très arrondies, qui pouvait également être utilisée avec la desserte informatique.

Il manquait à l'ensemble une ou plusieurs tables basses – de préférence plusieurs, mais petites. **L'équilibre entre le rouge et le noir étant par essence fragile**, je n'ai pas proposé d'éléments noirs, qui risquaient de créer des blocs sombres trop présents, en plus de la chaise.

De petites tables gigognes en plexiglas (modèle édité par Habitat) évitent cet écueil grâce à leur transparence et leurs lignes épurées. En termes d'usage, elles permettent de poser ici un verre, là un plateau, tout en n'occupant qu'un minimum de place en temps normal, puisqu'elles s'emboîtent intelligemment les unes dans les autres.

À partir de là, la photographie en noir et blanc représentant une scène de théâtre, offerte à Frédéric par une de ses amies photographe, prend toute sa dimension (photographie d'Anne Gayan prise pendant les répétitions de *Richard III* de Shakespeare, mis en scène par Patrice Chéreau). Enfin, j'ai ajouté un élément ludique reprenant lui aussi cette harmonie entre le rouge et le noir : il s'agit d'un mobile composé d'une boule rouge entourée de cercles concentriques noirs, comme un atome encerclé d'électrons. À l'image de cet objet, on peut dire que dans cette atmosphère, l'énergie créatrice est à la fois décuplée et canalisée, équation essentielle pour le travail et sa respiration.

Face à l'alcôve, un meuble TV bas, plus design, permet de maintenir le centre de gravité du salon à faible hauteur. Le nombre de range-cd a été augmenté, Frédéric étant très mélomane et ayant constitué une collection très diversifiée, allant de tous les récitals de Nathalie Dessay à ceux de... Mariah Carey.

QUAND L'ÉCLAIRAGE S'INTÈGRE AU DÉCOR

Dans la niche peinte en gris, j'ai conservé la guirlande murale en forme de branche de cerisier, créée par les designers Tsé-Tsé et éditée par Habitat, qui apporte une petite source d'éclairage mais surtout une touche de féminité, permettant de faire ressortir la masculinité de l'ensemble. Le Bouddha en position assise de Frédéric peut y méditer en toute quiétude !

Pour l'éclairage proprement dit de l'alcôve du salon, deux luminaires, également de chez Habitat, mais très différents l'un de l'autre, créent deux sources de lumière nécessaires et suffisantes : un lampadaire avec abat-jour aux motifs stylisés rouges sur fond blanc, autre touche graphique légèrement féminine ; et une lampe-guirlande suspendue, composée d'ampoules blanches et rouges, d'un design plus masculin. Ainsi, même dans ces détails, on reste toujours dans les idées-fortes de départ, déclinées dans un dosage aussi subtil que possible.

UNE CHAMBRE EST UNE CHAMBRE

Dans le coin chambre, non seulement les murs ont été conservés en blanc, mais toute pointe de couleur a été supprimée au profit d'un plaid en fausse fourrure de loup sur le lit (plaid Habitat). En jouant ainsi le contraste avec le reste de l'appartement, j'ai accentué et structuré l'emplacement de la chambre. De cette façon, elle disparaît volontairement dans le paysage de l'appartement, puisqu'elle est en quelque sorte vampirisée par le rouge du salon. Lorsqu'on la découvre, elle invite au farniente et au repos, le tout dans une atmosphère intimiste, empruntée aux alcôves d'antan.

Le rideau beige (modèle édité par Madura) **permet le soir de s'isoler** du reste de l'appartement et fonctionne comme une cloison mobile sans les inconvénients d'une cloison en dur. Ceci permet de **conserver de la profondeur au champ visuel de l'appartement**. Le rideau a été posé à l'aide d'un câble accroché de part et d'autre de la pièce.

Le tapis a également été choisi blanc et suffisamment grand pour faire disparaître la moquette rouge.

Pour l'éclairage de cette partie, une petite lampe d'appoint (un globe en verre) a été placée dans les niches qui font office de bibliothèque, ainsi qu'une lampe à abat-jour blanc au pied du lit, qui apporte une lumière plus forte.

LES IDÉES DÉCO

Contrairement aux apparences, l'idée déco n'est pas ici de foncer au magasin Habitat le plus proche, même si Frédéric était particulièrement friand de cette marque !

Ne pas hésiter à utiliser la couleur pour marquer l'espace que l'on réaménage.

Accentuer plutôt que vouloir cacher les structures de la construction permettra d'atténuer les défauts et mettra en valeur votre pièce.

Ne pas faire de différence de couleur au sol afin de rendre l'espace plus fluide.

Utiliser la technologie sans fil afin de supprimer au maximum les câbles informatiques. Ici, l'installation High Tech remplit parfaitement les fonctions bureau et loisir en devenant une véritable attraction dans la pièce.

Multiplier les sources d'éclairage pour unifier l'espace et ne pas se focaliser sur un seul point.

SHOPPING

Vous trouverez les objets cités dans ce relooking dans les magasins suivants :

Habitat – *www.habitat.net*
Dulux Valentine – *www.duluxvalentine.com*
Madura – *www.madura.fr*
Saint-Maclou – *www.saintmaclou.fr*
Apple – *www.apple.com/fr*

Index des marques

Pour réaliser certains aménagements, nous nous sommes procuré des éléments de bricolage ou de décoration chez Castorama – www.castorama.fr et Leroy Merlin – www.leroymerlin.fr

Table des matières

ISBN : 978-2-212-11967-1

N° d'éditeur : 7489
Dépôt légal : Janvier 2007
Imprimé en France par Kapp Lahure Jombart